Le Zen des petits riens

GARY THORP

Le Zen des petits riens

*Découvrir les bienfaits du zen
dans les tâches de tous les jours*

Traduit de l'américain par Régina Langer

MARABOUT

« En ce jour de ménage...
tous les dieux et les bouddhas sont dehors,
assis dans l'herbe. »

Masaoka Shiki

Avant-propos
d'Edward Espe Brown

Ma première rencontre avec le ménage zen a eu lieu au Centre zen de San Francisco en 1965. Le samedi matin, après avoir médité et pris le petit déjeuner, une longue période de travail nous était impartie. Personne n'expliquait jamais qui devait faire quoi mais chacun paraissait le savoir sans qu'on ait à le lui dire. On se mettait alors à laver, essuyer la vaisselle, frotter, cirer, faire briller le sol du *zendo* (la salle de méditation) ou, encore, nettoyer la salle de bains.

Quant à moi, je regardais partout, me demandant à quoi je pourrais bien m'occuper. Il semblait que tous les autres avaient trouvé à s'employer. J'aurais bien voulu me joindre à eux mais, comme chacun s'activait en silence, je n'osais poser la moindre question. Il ne me restait qu'à réfléchir par moi-même et à me lancer – sinon cette fois-là, du moins la prochaine. Peut-être parviendrais-je alors à faire la vaisselle avant que quelqu'un ne me précède !

Si, au début, ce comportement ne manquait pas d'être intimidant, il finit par me paraître tout à fait naturel avec le temps, et même exaltant. Personne ne dirigeait personne, comme si chacun savait parfaitement en quoi consistait sa tâche. Le message implicite était que chacun pouvait participer et donc savoir ce qu'il y avait à faire et comment le faire. Tout le monde était compétent. Il suffisait de s'y mettre.

Ce que je préférais pendant cette période de travail, c'était observer comment Katagiri Roshi, l'un de nos maîtres, s'attelait à ses tâches. Quelle joie de voir, par exemple, l'énergie qui semblait l'envahir tandis qu'il enduisait de cire le sol du *zendo* ! En quoi l'acte de cirer pouvait-il être si important ? Et pourtant, le maître se vouait de tout son être à cette tâche triviale. Après quoi venait le dur – et presque acrobatique – travail du polissage que personne ne paraissait capable d'exécuter avec la même aisance que lui. Accroupi, les deux mains sur le chiffon, Katagiri Roshi courait d'un bout à l'autre du *zendo*, observait une courte pause, faisait demi-tour, et recommençait ses mouvements empreints de grâce et de naturel.

Comprendre que cet homme ne se sentait pas humilié de travailler avec son corps et ses mains me remplissait de bonheur et m'inspirait. Ainsi qu'il le déclara plus tard : « Le sens de la vie, c'est de vivre [...]. Laisse s'épanouir la fleur de ton énergie vitale. » Selon moi, peu de gens ont *vécu* le cirage du parquet avec autant d'intensité.

Cette expérience ne fut, bien sûr, qu'une petite partie de l'éducation que l'on nous dispensait, mais je finis par choisir de vivre au Centre zen pendant près de vingt ans. La régularité des rituels quotidiens me paraissait à la fois rassurante et source d'équilibre. La pratique du ménage en est toujours un élément essentiel. « Le zen, c'est la méditation, plus le nettoyage du jardin. »

Lorsque nous arrivâmes à Tassajara Hot Springs pour y créer notre monastère, notre maître, Suzuki Roshi, aperçut contre un mur un balai dont la brosse reposait sur le sol. Il nous fit alors remarquer que les poils s'étaient recourbés et que le balai avait ainsi perdu de son efficacité. « Rangez ce balai, la brosse en l'air, nous dit-il, et les poils ne se recourberont plus. Ce sera la première règle de Tassajara. »

Tous les cinq jours, nous bénéficiions d'un programme de méditation plus léger. Nos maîtres savaient se servir des mots avec prudence et se gardaient bien d'utiliser le terme de *congé*. « Il n'existe pas de jours de "congé" dans le zen, affirmaient-ils ; toute journée est une bonne journée. » Nous avons fini par baptiser ces jours-là « les journées en quatre et en neuf » (c'est-à-dire tous les jours du calendrier qui contiennent soit un 4, soit un 9).

Certaines matinées étaient employées à la propreté personnelle et au reprisage des trous et des déchirures de nos vêtements. L'après-midi était consacré au ménage communautaire, suivi par quarante-cinq minutes de nettoyage des chambres.

Ce grand coup de propre comprenait aussi les toilettes et toutes les surfaces. Le supérieur du couvent prenait en charge le premier coup de balai, selon une philosophie typiquement zen affirmant que « plus on grimpe les échelons, plus on doit nettoyer ». Dans le bouddhisme, en effet, la vertu spirituelle s'enrichit de la servitude corporelle. Je nettoyais donc religieusement ma chambre alors que d'autres élèves profitaient de ce moment pour disparaître. J'adorais essuyer le plancher après l'avoir lavé à l'aide d'un chiffon humide. Tout en m'activant, je psalmodiais un mantra de mon invention : « Va dans les rainures, va dans les coins. Chasse la salissure, chasse les chagrins. » Chaque semaine, pendant quelques minutes, nettoyer ma chambre devenait une pratique spirituelle obligatoire.

Une fois que les lieux étaient propres et les chambres rangées, nous prenions un bain dans des tubs remplis d'eau bien chaude, puis nous mettions des vêtements propres avant de nous rassembler devant la salle de méditation. Après avoir psalmodié des prières, nous entrions avec cérémonie, honorant nos maîtres, nos ancêtres et nos compagnons par de nombreux saluts. La vie était renouvelée et nous étions prêts à repartir d'un nouveau pied.

Il nous arrivait d'interroger nos maîtres : « La saleté n'est-elle pas aussi sacrée que la propreté ? » ; « Le son n'est-il pas aussi sacré que le silence ? ». Voici ce qu'ils nous répondaient : « Nous ne nettoyons pas pour le simple fait de nettoyer. C'est un moyen de pratiquer le respect envers les choses. Plus simplement, c'est un moyen de passer du temps ensemble et, ce faisant, de réaliser à quel point nous sommes liés les uns aux autres. Sinon, nous finirions par croire que tout va de soi.

« En nettoyant, nous apprenons à apprécier que les choses soient là rien que pour nous – pour nous soutenir, nous encourager. Apprécier chaque objet, c'est nous apprécier nous-mêmes. C'est ainsi que nous développons nos relations avec notre propre personne comme avec les autres. Puisque "tout" est semblable à "un", vous ne pourrez comprendre au plus profond cette philosophie qu'au cœur de l'action. En faisant le ménage, vous pratiquez l'unicité. Vous réalisez que tout contribue à vous aider.

« Se désintéresser du ménage peut, à première vue, paraître un objectif désirable mais, dans ce contexte, cette attitude devient un signe de paresse et d'égoïsme, comme si l'on tentait de vivre à l'écart des choses. Le plus grand risque est de se sentir alors rejeté et sans soutien. »

Chaque jour, l'un de nous était chargé d'entretenir la salle de méditation. Il passait la plus grande partie du temps à nettoyer : brosser les coussins, balayer l'estrade et la salle avant de cirer et de lustrer le plancher. Il fallait aussi laver les lampes à kérosène et les remplir. Lorsque ce fut mon tour, j'envisageai d'abord cette journée à venir comme une corvée mais, le soir, les choses m'apparurent sous un aspect différent : ce lieu m'appartenait davantage à présent que je l'avais entretenu de mes mains. Il m'accueillait parce que j'avais touché chaque chose avec soin et dévotion.

Je dois reconnaître que, depuis que j'ai quitté le Centre, je n'ai pas beaucoup pratiqué le ménage zen et que ma demeure n'est pas aussi propre qu'elle devrait l'être. Cela ne me dérange pas que les invités voient le désordre qui règne chez moi, même s'ils manifestent parfois leur surprise et leur déception de constater qu'un maître zen tolère un pareil laisser-aller. « Ce n'est pas là l'idée que je me faisais d'une demeure zen », pensent-ils. D'autres, curieusement, en paraissent soulagés, comme s'ils appréciaient de ne pas être confrontés à un excès de discipline. Sans doute peut-on en conclure que mon existence est paradoxale :

elle me ressemble et, en même temps, elle ne me convient pas... C'est pourquoi je continue à étudier ma manière de vivre et à chercher des alternatives.

Si je veux analyser le désordre dans lequel je vis, je dis aux gens que « je suis un artiste ». Il semble bien que le zen n'ait pas encore atteint ma maison et je ne sais toujours pas quoi faire de tous les livres, papiers, photos, ordinateurs, et tant d'autres objets qui continuent d'encombrer mon domicile.

Il y a quelque temps, le manuscrit de Gary Thorp m'est parvenu par la poste. Je l'ai trouvé agréable et touchant, à la fois grisant et rassurant. Le fait que Gary ait réussi à trouver joie et plénitude dans l'accomplissement de tâches quotidiennes me paraît une inspiration et un défi. Ce qu'il cherche à nous dire, c'est que nous pouvons tous nous sentir pleinement vivants à travers la réalité la plus ordinaire, plutôt qu'en attendant que l'extraordinaire vienne réveiller notre énergie et notre désir. Après avoir lu ce manuscrit, j'ai été pris d'une furieuse envie de ranger. Mon désir secret et latent de faire le ménage m'a poussé à me mettre au travail. Après quoi, j'ai pratiqué de nouveau la méditation. L'inspiration est partout, à portée de main, quand nous le voulons. Notre seul problème, c'est qu'il nous arrive de ne pas le vouloir.

La libération implique que nous ne nous attachions à rien, que ce soit la saleté ou la propreté qui l'emporte autour de nous. Nous devons continuer à chercher et comprendre que nos possibilités sont illimitées.

Gil Fronsdal, à la fois prêtre zen et maître de *vipassana* (méditation intérieure), a parlé un jour de la pratique du zen au Japon et de la *vipassana* en Asie du Sud-Est : « Tout le monde aime ratisser, disait-il. Au Japon, on vous dit : "Quand tu ratisses, ratisse", alors qu'en Asie du Sud-Est, on vous dit : "Quand tu ratisses, prends garde à ton esprit." » C'est ainsi que les moines japonais travaillent avec la plus grande énergie, jusqu'à en faire trop, tandis que les autres seront surpris en train de traîner leur râteau tant ils sont à l'écoute de leurs sensations, pensées, motifs, intentions et émotions. Lorsque je parlai à Mel Weitsman, un autre maître zen, de l'approche *vipassana*, il eut ce commentaire concis et amusant : « Ils pensent encore que leur esprit est dans leur tête. »

Comment bien passer nos vies si courtes ?

Nous nous exprimons et nous nous révélons dans tout ce que nous faisons. Lorsqu'un petit groupe d'entre nous alla pratiquer la méditation avec Suzuki Roshi dans un lycée, la première chose que nous fîmes fut de passer plusieurs heures à nettoyer, avant même de nous asseoir.

Les enfants étaient très étonnés de nous voir agir ainsi. Malgré toute leur bonne volonté, ils prêtaient peu d'attention à leur environnement. Suzuki leur dit alors : « Comment pourriez-vous sauver le monde si vous n'êtes même pas capables de lacer correctement vos chaussures ? »

Le Zen des petits riens nous encourage à ne pas ignorer toutes les possibilités qui nous sont offertes d'éprouver joie et plénitude au cours de notre existence. Nous sommes tellement conditionnés à considérer que le plaisir consiste à consommer des biens matériels ou à voyager dans des lieux pittoresques qu'il est nécessaire de nous rappeler que la beauté peut consister à laver les vitres. « L'amour, la gentillesse viennent de l'intérieur et non de l'extérieur. Laissez votre cœur habiter les choses, jour et nuit », recommande la sagesse du zen.

Gary est drôle, réfléchi, sérieux et joueur. Je ne suis jamais allé chez lui mais, si j'en juge par notre relation, sa demeure est certainement très accueillante.

Être « accueillant », c'est être sociable, c'est toucher et être touché, écouter et répondre, se montrer tranquillement attentif. C'est entrer en relation avec les personnes et les objets de façon à mettre en valeur leur richesse intérieure. Avec Gary Thorp, explorons, nous aussi, notre propre demeure.

Introduction :
la pratique du zen
chez soi

I l y a bien longtemps, lorsque j'ai réussi mes examens de fin d'études secondaires, mes parents m'ont offert une valise. J'ai reçu à cette occasion d'autres cadeaux, mais c'est de celui-là que je garde le plus vif souvenir. Lorsqu'on vous offre des bagages, c'est peut-être une manière subtile de vous faire comprendre qu'il serait temps de partir. En l'occurrence, mes parents n'essayaient pas de me faire prendre la porte. Ils ne faisaient que mettre en marche un processus, comme ces oiseaux qui encouragent leur nichée à regarder hors du nid. Il était temps pour moi de considérer les choses sous un angle différent.

Il m'a fallu pas mal de temps pour m'habituer à l'idée de quitter ma famille. Réaction assez compréhensible si l'on considère que la demeure familiale est une sorte d'extension de soi. C'est là que sont déterminés la plupart de nos sentiments, de nos attitudes et de nos décisions. C'est là que nous nous reposons et nous nourrissons, là que nous avons le plus de chances d'être sincère avec nous-même et de trouver la liberté de rêver. Là encore que nous nous sentons le plus en sécurité et que nous sommes le moins exposé aux sollicitations extérieures. Quelles que soient les circonstances – que nous soyons homme ou femme, jeune ou vieux, que nous vivions seul ou entouré –, notre demeure est un élément vital de notre existence. Elle exprime de multiples aspects de notre personnalité et instaure de subtiles frontières entre nous et le reste du monde. Voilà pourquoi il n'est guère étonnant qu'elle compte tant à nos yeux.

Avant de quitter ma famille, j'avais passé deux ans à me consacrer à la musique le week-end en pensant qu'un jour je pourrais gagner ma vie comme pianiste de jazz. C'est d'ailleurs ce que j'ai fait pendant quelques années lorsque j'ai commencé à voler de mes propres ailes et à vivre seul. Mais j'avais besoin d'un complément de revenus que j'obtenais par d'autres activités. J'apprenais également à entretenir un appartement et c'est à cette époque que j'ai été initié à la cuisine. Un nouveau monde s'est ouvert à moi, un monde qui me donnait une sensation de liberté et m'offrait de nouvelles responsabilités.

Pendant cette période de ma vie, je me suis intéressé au bouddhisme et j'ai commencé cahin-caha à pratiquer le zen. Malheureusement, je dois reconnaître que la plupart des informations recueillies sur ce sujet auprès d'amis ou de confrères musiciens se sont révélées erronées et trompeuses. Pourtant, quelque chose m'intriguait et me fascinait dans cette philosophie. J'avais découvert qu'en me lançant totalement dans la musique, j'avais accès à une nouvelle clarté, sensation qui, hélas ! finit par s'évanouir. Cette clarté m'est revenue avec la pratique du zen.

Le terme même de ZEN m'a toujours intéressé. Il est compact, fort, entièrement composé de lignes droites. On dirait un mot qui tourne au coin de la rue. C'est d'ailleurs un peu ce que font ceux qui s'adonnent à son étude. Et le coin lui-même finit par se transformer, ainsi que le font toutes choses.

En japonais, *zen* signifie « méditation » et, s'il désigne en général l'art de s'asseoir tranquillement dans une posture formelle, il peut aussi s'appliquer à toutes les activités quotidiennes.

La plupart des gens considèrent que l'étude du zen est l'apanage des moines et des ermites et se réduit à de mystérieux enseignements, mais il n'en est pas toujours ainsi. La grande majorité des gens qui pratiquent le zen aujourd'hui le font tout en exerçant un métier, en élevant leurs enfants ou en accomplissant des tâches aussi ordinaires que de simples courses quotidiennes. Comme le disaient les maîtres d'autrefois : « S'asseoir, c'est le zen. Marcher aussi. » L'étudier, c'est imprégner de sagesse chaque instant de sa vie. Lorsque la méditation imprègne ainsi tous les moments de l'existence, elle semble disparaître. Mais notre vie s'en trouve définitivement enrichie.

Beaucoup de gens croient qu'ils ne peuvent se détendre et se sentir bien chez eux tant que le repas n'est pas terminé, la vaisselle faite et le sol balayé. Il ne devrait pas en être ainsi. Les tâches ménagères sont en soi agréables et relaxantes. Il y a quelque chose de calmant à répéter le même mouvement, que ce soit en balayant ou en essuyant la vaisselle.

L'objectif de la pratique du zen n'est pas de connaître plus tard des événements extraordinaires, mais de comprendre que chaque moment de la vie est à la fois ordinaire et complètement miraculeux. S'occuper des petits détails a énormément d'importance. Réparer une voiture est préférable à la laisser à l'abandon. Arranger un robinet qui fuit est bon pour le robinet, pour l'évier, pour la source d'eau et pour vous-même. Lorsque vous prêtez attention à un autre être et prenez soin d'un objet, votre vie revêt lentement une forme nouvelle et commence à avoir plus de sens qu'auparavant. En cessant de vous presser, vous en venez à mieux vous comprendre.

La plupart des musiciens vous diront que les morceaux les plus simples et les plus lents sont les plus difficiles à jouer car on peut moins camoufler les fausses notes et impressionner l'auditeur par sa technique. Chaque note prend une importance accrue. C'est dans l'exécution des ballades romantiques, des douces berceuses ou des délicates pavanes que l'inventivité du musicien, sa maîtrise et la complexité de son jeu se révèlent le mieux. De la même manière, les tâches simples de la vie courante révèlent plus de nous-mêmes que toute autre activité.

Si la méditation assise (*zazen*, en japonais) demeure la pierre angulaire de l'étude du zen, nous ne devons pas négliger les détails qui font partie intégrante de notre quotidien, comme aller à la banque ou remplacer le savon dans la salle de bains. C'est dans la Chine du XVIIIe siècle que le maître Pai Chang (rebaptisé « Hyakujo » au Japon) a, le premier, enseigné la vertu du détail. Il ne voulait pas former des philosophes rêveurs ou des élèves désireux d'échapper au réel. Les moines qui étudiaient avec lui apprenaient que la compréhension du monde naît des événements de l'existence quotidienne, que l'action est l'une des clés de la sérénité et que la sagesse se cache dans l'ordinaire.

Eihei Dogen, auquel on attribue la création du zen *soto* au XIIIᵉ siècle, citait souvent cette parole d'un de ses anciens maîtres : « Travailler les manches retroussées, c'est l'activité d'un esprit qui cherche sa voie. » Dogen montrait ainsi qu'en se servant d'un objet, on en découvre les nombreuses facettes et que cette familiarité se transmet à d'autres domaines de notre vie. Comme pour la méditation assise, il souligne l'importance de la manière dont on mène sa vie quotidienne, que ce soit dans son travail, ses loisirs ou sa conduite personnelle.

Vivre dans un lieu de pratique, tel qu'un monastère ou un centre zen, peut se révéler extrêmement profitable et bénéfique mais peu de gens choisissent de le faire. Il se peut que vous résidiez loin de tels centres ou que, pour diverses raisons, vous n'ayez pas le temps d'assister aux cours. Il se peut également que vous ne souhaitiez pas vous investir dans l'étude du zen et que quelques simples conseils de sagesse suffisent à donner un peu plus de sens à votre vie, à élargir votre liberté dans vos relations familiales, au sein de votre carrière ou dans vos études.

Heureusement, l'étude du zen n'exige pas que l'on se trouve dans un endroit précis. Car le zen est partout : sous nos pieds, devant nos yeux. Il n'est pas nécessaire de se raser la tête, de penser de manière exotique, d'acheter des outils ou du matériel spécifiques. Le zen se sert de ce qui se trouve à la portée de tous : vêtements, coussins, encens, chiffons, seaux, balais, éponges ou papier de verre. Ce principe d'infinie sagesse réside aussi bien dans l'aquarium qu'au-dessus de la radio. Il est dans l'acte de saisir ses chaussures pour les aligner l'une à côté de l'autre, dans des gestes simples comme d'ouvrir un pot, de rédiger un chèque ou de régler sa facture d'électricité.

Shuryu Suzuki Roshi, fondateur du Centre zen de San Francisco, déclarait à ses élèves : « Lorsque vous étudiez le bouddhisme, il convient de faire le ménage dans votre tête. Il faut sortir de la pièce chaque objet et le nettoyer. Si nécessaire, vous pourrez ensuite les y replacer dans leur totalité. Procédez par ordre et traitez une chose après l'autre. Si un objet n'est pas indispensable, inutile de le conserver. »

La littérature zen est parsemée de références au ménage et l'on y trouve toutes sortes d'histoires de prêtres, de moines, de nonnes et de laïques passant leur temps à balayer, astiquer et réparer. Dans un même esprit de sagesse, ils s'occupent des fenêtres, des portes, de leurs vêtements et de leur propre personne. Ils versent de l'eau, lisent leur courrier et s'inquiètent du riz du dîner.

Avez-vous jamais vu des enfants absorbés par une activité manuelle, en vous émerveillant de leur totale implication ? Nous pouvons beaucoup apprendre d'eux. Comme le disait Unmon, maître zen du xe siècle : « Lorsque vous marchez, marchez ! Lorsque vous êtes assis, soyez assis ! Mais surtout, ne tergiversez pas ! »

Lorsque l'on se consacre totalement à sa tâche, on ne fait plus qu'un avec elle et l'on va au-devant de soi-même. Il arrive même que cette activité ne demande plus le moindre effort. Dans le zen, il est dit ainsi que l'on se projette en avant, que l'on se fond dans l'action pour mieux « abandonner » ses préjugés. Cet abandon permet à l'inhabituel d'advenir. C'est une perception qui transcende toutes nos expériences précédentes, un bref instant de sensation exacerbée – par exemple, le seul fait d'ouvrir un placard se trouve magnifié et laisse entrevoir de nouvelles perspectives.

Il y a beaucoup de beauté dans ce qui nous entoure mais, si nous voulons la découvrir, commençons par poser les pieds sur terre et par observer en détail tout ce qui s'offre à nos perceptions. Nous ne devons pas plus souscrire à une doctrine qu'acheter des produits dont nous n'avons pas besoin. Nous avons déjà tout le nécessaire pour faire des découvertes. Dogen disait : « Lorsque vous trouvez votre place au milieu des choses, alors la vraie pratique peut commencer. » Pour la plupart d'entre nous et pendant la plus grande partie de notre vie, cette place se trouve au sein de notre foyer.

Cet ouvrage examine une grande variété d'activités quotidiennes et souligne à quel point la pratique du zen peut affecter les petites tâches que tant de gens détestent : ménage, préparation des repas, etc. Nous allons vous encourager à entrer en relation avec votre maison – son atmosphère, son mobilier et ses occupants – d'une manière différente. Les derniers chapitres analyseront ce que l'on peut faire chez soi ou sur son lieu de travail lorsque l'on ne bénéficie pas d'un maître qualifié ou d'une communauté d'élèves. Vous apprendrez la méditation (seul(e) ou en compagnie d'amis ou de votre famille) ainsi que les bienfaits de la lecture. Puis nous étudierons la manière dont le conformisme et le perfectionnisme, entre autres, exercent une influence considérable sur nos activités journalières.

Que vous viviez dans un appartement, une petite chambre ou un palais, il existe de multiples occasions d'apprendre. Mon espoir est que vous découvriez dans cet ouvrage quelque chose qui vous serve précieusement. Au moins, vous apprendrez à faire le ménage et à vous débarrasser d'inutiles poussières ! Alors, remontons nos manches et commençons ensemble.

PREMIÈRE PARTIE

Voyage à travers la maison

Ce tapis usé
qui s'effiloche
nous conte mille histoires.

1

Franchissons le seuil

Autrefois, pour attirer la protection sur sa maison, il était courant d'accrocher des guirlandes de fleurs à l'encadrement de la porte, du gui et des branches de pin aux linteaux, ou encore de frotter les montants avec de l'ail et autres mixtures d'herbes diverses auxquelles on attribuait de puissantes propriétés. La coutume consistant pour le jeune époux à porter sa femme dans ses bras pour lui faire franchir le seuil de leur nouvelle demeure puise ses racines dans l'agriculture ancienne. On pense qu'elle serait liée au *battage*, opération consistant à séparer les grains de l'épi ou de la tige de certaines plantes. L'étymologie du mot *seuil* est identique à celle de *plancher, sol, sandale*, dont le sens peut être aisément relié à l'action du battage. Aujourd'hui, ce terme ne fait pas uniquement référence à la porte, il évoque également un nouveau départ, ou encore une limite.

L'histoire du zen est truffée de commentaires sur les portes et les portails. À toutes les époques, les maîtres ont bien compris l'intérêt pour leurs élèves de se préoccuper de ces voies d'accès. Tous les types de portes – depuis les massives barrières de bois jusqu'aux célèbres portes « sans porte » – figurent dans la littérature zen. Les élèves apprennent très vite que ces passages n'existent pas seulement pour être franchis, mais qu'ils sont également matière à réflexion. Car, dans la pratique du zen, tout objet ou idée est susceptible de devenir une porte. Et, derrière chacune d'elle, un bouddha attend d'être révélé.

Chez nous, les portes ne méritent généralement que peu d'attention et d'entretien. Elles doivent néanmoins pouvoir être actionnées librement : éloignez donc les meubles et autres objets afin d'éviter les collisions. Un bourrelet de tissu permettra de protéger la porte aussi bien que le mur. Appliquez de temps à autre un peu d'huile sur les gonds afin de faire taire les éventuels grincements intempestifs. Il vous faudra peut-être, mais rarement, remplacer la peinture écaillée, passer de l'enduit, réajuster ou réparer les gonds. Mais, si l'on pense à l'usage immodéré que nous en faisons, les portes ne nous posent en général que peu de problèmes.

Cessez de considérer les portes comme des obstacles. Ouvrez-les généreusement et refermez-les avec douceur. Profitez de cette activité apparemment banale qui consiste à entrer dans une pièce ou à en sortir pour réfléchir à ce que vous êtes en train de faire et décider en toute lucidité de vous tenir à l'intérieur ou à l'extérieur de quelque chose de plus vaste que vous-même. Pensez à ce que vous laissez derrière vous et à ce vers quoi vous vous dirigez. Dans les salles où l'on pratique le zen, il existe des règles précises pour ouvrir et fermer une porte, entrer et sortir. Ces conventions sont particulièrement libératrices. Ce n'est pas là l'un des moindres paradoxes de la pratique du zen : la liberté s'acquiert grâce à l'observance d'une stricte discipline.

Les portes ne sont pas faites que de bois ou de métal, elles sont composées de bien plus que de gonds, pivots ou autres serrures. Ce sont des lieux à même de se transformer en moments critiques – ou vous les franchissez, ou elles vous empêchent de passer. C'est ainsi que l'on est en mesure de découvrir ses propres limites, c'est-à-dire nos *seuils*. Il faut parfois peu de chose pour faire d'une porte un accès fermé. Par exemple, lorsque le loquet de la salle de bains est inexistant ou cassé, une discrète toux, un sifflement ou quelques notes fredonnées suffisent à fermer symboliquement la porte. En d'autres occasions, il faudra agir avec plus de vigueur pour parvenir au même résultat ! S'il adorait vivre en société, Jack London ressentait parfois le besoin de se retirer pour écrire. À cet effet, il avait préparé un petit mot rédigé de sa main qu'il accrochait à la porte : « *1. Veuillez ne pas entrer sans frapper. 2. Veuillez ne pas frapper.* »

Lorsque vous vaquez de pièce en pièce, essayez de vivre pleinement la simple expérience d'aller d'un endroit à un autre. Notez bien le changement entre le mouvement et le repos. Remarquez les sensations variées que vous font éprouver les lieux clos et les espaces ouverts. Percevez la différence, si elle existe, entre l'acte d'entrer et celui de sortir. Arrêtez-vous sur le seuil et contemplez les pensées qui demeurent prisonnières de ces lieux – et jusque dans l'encadrement des portes. Songez à ceux qui les ont eues avant vous. Tandis que vous pensez à tous ces gens, les portes de votre maison s'ouvrent sur le monde de la compassion et de l'empathie.

Suzuki Roshi ne cessait de répéter que, telle une porte battante, nous devrions nous sentir libres d'arpenter de long en large les diverses perspectives de notre vie, à la fois indépendantes des contingences et pourtant totalement reliées à tout le reste. Il associait l'acte même de respirer au souffle d'air qui entre et sort par une porte. Le fait de franchir un seuil est donc le symbole de votre propre entrée dans la vie. On pourrait comparer ce passage à un film en boucle répétant inlassablement ce mouvement. En cet instant même, nous sommes en train de franchir une porte. Pas de retraite possible. Pas d'issue possible. Juste une marche continue vers ce MAINTENANT éternel !

L'art du balai

E xiste-t-il en apparence un acte plus simple que celui de balayer ? Et pourtant les complications surgissent dès qu'on mêle la pensée à cette activité banale. Si l'on devient trop conscient de ses actes, trop attentif, on risque de se heurter à une énergie négative. Assez étrangement, un trop-plein de réflexion conduit aux mêmes résultats que la distraction ou le manque de concentration. Trop d'attention portée au balayage entraîne des maladresses et, finalement, débouche sur l'inefficacité.

Les poissons n'ont pas conscience de vivre dans l'élément liquide, les oiseaux ne « pensent » pas à l'air qui les entoure. Les vaches et les criquets, sans même y songer, sont à l'aise dans leur environnement naturel. Si vous souhaitez découvrir le *vôtre*, demeurez en contact avec le lieu où vous vous trouvez et avec ce que vous faites. Ne vous laissez pas emporter par vos pensées. Ne cessez pas de revenir à vous-même.

Les mouvements répétitifs du balayage peuvent contribuer à ce retour. (L'usage d'un aspirateur peut, certes, permettre des résultats plus spectaculaires, mais ce n'est pas le spectaculaire que nous recherchons ici.) Faites les choses simplement, sans bruit, sans les insérer dans le présent ou l'avenir, sans dessein préétabli, sans y exercer votre esprit critique, sans but précis. Passez le balai, c'est tout. Mettez-y le meilleur de vous-même, sans vous poser de questions. Grâce à cette méthode, bien plus que par le pouvoir de vos intentions, c'est votre concentration que vous allez développer. Observez le balai, regardez-le courir au milieu des reliefs de repas, des traces, des rayures, de tous les témoignages de la vie qui vous entourent. Vous trouverez de la poussière, des moutons et des miettes. Peut-être même des mites et des araignées. Toutes ces choses vont se trouver déplacées par le mouvement du balai. Son chemin détermine celui de tous les objets qu'il rencontre. Il ne vous faudra pas longtemps pour vous laisser bercer et emporter au loin par le doux balancement des coups de balai.

Si vous vous sentez vraiment vivant(e), concentrez-vous de toute votre âme sur une seule tâche, sans pour autant ignorer le reste du monde. Vous demeurez parfaitement conscient(e) du tic-tac de l'horloge, de la sonnerie du téléphone, de la pluie qui frappe sur le toit, de l'odeur du pain qui grille. Détendez-vous pour permettre à plus de sensations de pénétrer votre existence. L'étendue de la surface à laquelle vous vous consacrez ne limite en rien l'acte même de balayer. Et la qualité de votre travail n'est conditionnée que par vos actes et l'ardeur que vous y mettez. Comme pour tout, il existe différentes manières de balayer. Observez cet homme qui passe une brosse sur une surface en pente en haut du toit. Ou ce jeune garçon s'efforçant de nettoyer le sol de la cuisine à l'aide d'un balai deux fois plus grand que lui. Ou ce commerçant souriant qui lave le trottoir devant sa boutique.

Il y a quelque chose de si quotidien, de si hors du temps, dans cette activité universellement pratiquée, que la paume de votre main conserve toujours la mémoire et la sensation du manche du balai. Fermez les yeux et vous allez entendre le bruit de la brosse sur le sol. Ce bruit, celui de la paille glissant sur la surface plane, me fait penser au rythme du jazz : *Slosh, tap ! Slosh, tap ! Slosh, tap !* Comme la cadence régulière qui souligne et définit le rythme d'une chanson. Les choses commencent à prendre vie petit à petit. Après en avoir fini avec votre travail, d'autres sons parviennent alors à vos oreilles : le doux bruit de ferraille de la pelle et le coup sourd du manche au moment où vous le posez contre le mur.

La prochaine fois que vous vous adonnerez à cette activité, essayez de vous déplacer avec une sage lenteur. Sentez la surface du sol sous vos pieds et la protection que vous offre le plafond au-dessus de votre tête. Percevez les différences entre les pièces et les changements apportés par le passage d'un lieu à un autre, d'un décor à un autre. Remarquez les diverses qualités de lumière et les variations chromatiques des ombres. Expérimentez la fragilité et la puissance de votre corps au moment où il s'adonne à cette tâche en apparence si banale.

À certains moments de notre vie, nous avons tous fait l'expérience de la faim, des maux de tête, de la fièvre et des frissons, des déséquilibres du métabolisme. Nous avons souffert d'épisodes d'absence et de désordres divers, accompli des actes manqués, connu des instants de distraction ou de doute. Et, pourtant, nous avons continué à faire le ménage chez nous. Nous faisons ce qui doit être fait.

Ces tâches quotidiennes deviennent une sorte de travail d'équipe. Si nous y mettons tout notre cœur, nous les partageons avec tous. Qui ne serait pas à nos côtés ? Qui ne nous aiderait pas ? Qui ne nous soutiendrait pas dans chacune de nos actions, à chaque souffle exhalé de notre poitrine ?

L'acte qui consiste à passer un balai sur une marche d'escalier ou sur le sol de la cuisine contient en lui toute la grâce, l'intentionnalité et la facilité apparente que l'on retrouve dans n'importe quelle chorégraphie. Le balai nous relie au sol. Il représente une sorte d'extension de notre sens du toucher. Il est l'équivalent du bâton de pèlerin sur lequel s'appuie le vieux moine, du piolet aidant le montagnard dans son ascension ou de la houlette du berger. Il nous permet de couvrir et d'explorer un territoire. Grâce à lui, nous balayons la poussière, nous atteignons les coins les plus reculés, nous retrouvons des objets cachés sous le lit, nous arrachons des toiles d'araignée, nous poussons des portes et faisons disparaître les saletés qui encombrent notre chemin. Il s'agit du plus simple des instruments. Il est le symbole même de l'humilité et de la patience.

Notre manière de balayer et les raisons pour lesquelles nous nous adonnons à cette activité sont très révélatrices de notre personnalité. Nos coups de balai sont-ils généreux et larges ? Ou bien courts et fermement contrôlés ? Nous servons-nous du balai pour ce qu'il est ou comme d'une pelle à neige ou d'une pagaie de canoë ? Balayons-nous « autour des meubles » en omettant de le faire dessous et derrière ? Accordons-nous toute notre attention au balai ou laissons-nous nos pensées errer et s'égailler en tous sens ? Balayons-nous parce que la vue de la poussière nous est franchement déplaisante ou parce que nous attendons des invités à dîner et que nous ne voulons pas qu'ils découvrent à quel point nous sommes désordonnés ?

Peu importe la raison pour laquelle nous avons décidé de le faire : rien ne nous empêche de mettre de la sincérité, de l'art et de la joie dans cette activité. Lorsque vous balayez le sol, l'escalier ou le trottoir, efforcez-vous d'y mettre toute votre âme. L'objectif n'est toutefois pas de transformer le monde en un lieu immaculé : il s'agit juste de balayer avec un cœur sincère. Laissez-vous emporter par la joie d'exécuter de petits pas de danse en balayant devant vos pieds et virevoltez quand vous voulez le faire derrière vous.

Il n'existe aucune différence entre un vieux balai et un autre flambant neuf. Au fur et à mesure de son usure, il finit par acquérir une certaine personnalité. Si vous prenez l'habitude de le pousser de droite à gauche puis de gauche à droite, il s'use plus régulièrement et, par là même, vous serez en mesure de découvrir différentes facettes de votre propre personnalité. Vous risquez d'abord de vous sentir légèrement mal à l'aise la première fois que vous le retournerez, comme toujours lorsqu'on modifie l'angle sous lequel les choses apparaissent. Essayez de vous tenir autrement ou de changer votre manière de saisir le balai pour voir ce qui arrive. Pensez à vos propres zones d'ombre et à ce qui, chez vous, se trouve en pleine lumière.

Le balai nous permet de mettre en jeu notre position dans l'existence. Il nous affermit dans nos mouvements. Il nous aide à nous orienter dans le temps et l'espace ainsi qu'à mieux comprendre les subtils bienfaits de ces actes répétitifs. Si nous parvenons à nous concentrer sur le seul acte de balayer, le sol et l'escalier prendront soin d'eux-mêmes. Nous en viendrons alors à trouver du plaisir à ce qui ne représentait auparavant qu'une tâche ennuyeuse. Lorsque nous aurons terminé de balayer le sol, peut-être voudrons-nous faire de même avec les ombres ou le clair de lune. Nous pourrions même tenter de balayer sans le moindre balai ! Mais voilà une idée un peu trop échevelée, trop zen, et nos balais resteraient abandonnés et négligés.

L'acte de balayer nous rapproche de nos ancêtres et de tous les habitants de cette Terre. Depuis l'âge des cavernes jusqu'à aujourd'hui, les hommes et les femmes ont lié des bottes de paille pour nettoyer les sols de leur demeure. Dans les mains d'une personne d'expérience, le balai se mue en un outil fonctionnel aux multiples facettes. Quelle que soit l'attention que vous lui portez, il y aura toujours une fine ligne de poussière qui semble défier la pelle ou un bout de tissu coincé entre deux lames de parquet – quelque chose qui vous rappelle ce qui reste à faire. Pas moyen de dire : « Voilà, c'est fini. » Aucun chemin ne permet d'accéder à la « perfection ». Il subsiste toujours des atomes égarés, des grains de poussière qui vont attirer votre attention et vous ramener à votre propre existence.

3

Comment épousseter sans ajouter à l'entropie

D'où vient donc toute cette poussière et comment comprendre sa raison d'être ? Vous partez de chez vous pour quelques jours et, à votre retour, des monceaux de poussière sont là pour vous accueillir. Le Bouddha racontait jadis à ses disciples que tout ce qu'ils voyaient n'était que poussière. Des civilisations entières sont ensevelies dessous. Elle est partout et, que ce soit de la poussière d'or, de la simple sciure ou des scories qui embrument notre réflexion, nous devons y prêter attention.

On définit en général la poussière par sa finesse, son aspect sec et sa consistance particulière. Elle peut être composée soit de particules issues du sol, soit de combinaisons de sédiments mêlés à de la cendre, des gaz d'échappement, des sous-produits de l'industrie, du pollen et autres résidus organiques de plantes et d'animaux, bref : tout ce qu'on peut réduire en poussière et qui reste en suspension dans l'air. En Chine, certaines régions contiennent des dépôts de lœss, une poussière apportée par les vents et qui peut atteindre des épaisseurs de deux mille mètres ou plus. Les géologues estiment qu'environ quarante-trois millions de tonnes de poussière survolent les États-Unis chaque année. Les courants atmosphériques et les turbulences sont responsables de ce phénomène et des facteurs tels que l'humidité et la ventilation conditionnent sa distribution dans nos demeures.

La poussière figure dans l'une de mes histoires préférées... Un jeune moine zen venu s'installer dans un nouveau temple, plein d'énergie et de désir de se rendre utile, tentait de surpasser les autres par son zèle à tout nettoyer. Il se comportait en véritable tornade, courant comme un fou à travers les pièces et les salles, poussant le balai, astiquant et épousetant tout ce qui lui tombait sous la main. Un jour, son maître lui demanda : « Que fais-tu donc ? » Le visage du moine s'éclaira d'un beau sourire tandis qu'il répondait : « Je travaille dur pour faire disparaître la poussière de l'illusion et révéler la face brillante de Bouddha qui se cache dessous. » Son maître lui dit alors : « La poussière, c'est aussi Bouddha – je te prie de ne jamais l'oublier. »

Lorsqu'il s'agit de tâches quotidiennes – par exemple, épousseter les étagères, le dessus des tables et les meubles –, même le mot *épousseter* devient suspect. Le terme exact serait plutôt dé*poussiérer*. À la différence du boulanger qui saupoudre sa planche de farine, ou du jardinier qui répand de l'engrais, nous ne dispersons pas la poussière sur tout le périmètre de notre demeure. Au contraire, nous essayons de la faire disparaître. Mais qu'arrive-t-il alors ? Est-il réellement possible de débarrasser notre maison de toute sa poussière ? Comment « dépoussiérer » sans ajouter à l'entropie ?

Le ménage est un exercice de patience et de dextérité. Dès lors que vous entreprenez de dépoussiérer ce qui encombre votre existence, vous vous engagez sur le chemin d'un nouvel apprentissage. Un peu trop de hâte ou de distraction, et voilà le vase de fleurs renversé et brisé. Un geste maladroit tandis que vous passez un chiffon sur le bureau, et voilà d'importants papiers qui s'égaillent dans la pièce.

Profitez du temps consacré à l'époussetage pour aiguiser votre sens du toucher. Éprouvez une sorte d'intimité avec les objets qui vous entourent en les caressant. Leurs formes vous redeviendront familières et vous vous rappellerez comment ils sont arrivés dans votre existence. Assurez-vous de consacrer toute votre attention aux endroits que vous auriez tendance à oublier ou à délaisser. Le but n'est pas de survoler ou de passer à côté des choses, mais de les pénétrer.

Gardez-vous de croire que la poussière est vile, sans importance et sans valeur. Elle représente, parmi bien d'autres choses, l'environnement de toutes sortes de créatures. Sa matière est capable de contenir des univers entiers. Ceux qui étudient le zen s'inclinent souvent devant la poussière du monde, par gratitude, comme ils le feraient devant les hautes montagnes, les fleuves et les forêts.

La poussière semble avoir disparu après une longue période de ménage. Mais ce n'est là qu'une illusion. Elle a simplement changé de place. Une partie a été jetée à la poubelle ou s'est envolée lorsque vous avez secoué votre chiffon par la fenêtre, mais elle n'en reviendra que plus vite, collée à la semelle de vos souliers ou au moindre souffle d'air. Elle trouvera toujours le chemin qui la ramène inexorablement chez vous, provisoirement tapie avant que vous ne la retrouviez. Elle sait parfaitement qu'elle est indispensable. Cette aventure ne manque d'ailleurs pas d'une certaine beauté. Nous épousetons, et la poussière trouve le moyen de revenir. Nous épousserons encore. La poussière reprend ses droits. C'est un va-et-vient qui semble sans fin, une respiration, le mouvement récurrent des pensées et des sensations qui nous accompagnent tout au long de notre vie. La poussière, finalement, représente vraiment quelque chose dans notre univers. Aussi fragile et transitoire qu'elle paraisse, elle nous offre une leçon forte et durable sur la façon dont va le monde.

4

Forme et vide : espace de vie et objets

La plupart des enfants sont fascinés par l'idée du secret. Peut-être vous rappelez-vous l'excitation qui s'emparait de vous autrefois, lorsque vous découvriez quelque chose que vos camarades ignoraient encore. Apprendre des tours de magie est une autre manière d'accéder au monde des secrets. Les enfants prennent grand plaisir à faire apparaître et disparaître les objets devant une assistance médusée. Plus tard, nous apprenons tous à mieux nous connaître et à nous transformer. Tandis que nous grandissons, nous rencontrons toutes sortes de mythes et de légendes, et nous mesurons le pouvoir de l'illusion tandis que se développe notre capacité à reconnaître ce qui est profitable et réel. Je me souviens, enfant, d'être resté allongé sur le plancher du salon, les yeux au plafond, essayant d'imaginer notre maison totalement renversée. Je me voyais alors marcher sur ce plafond et augmenter d'autant l'espace qui m'était disponible. Les meubles se retrouvaient au-dessus de ma tête, hors d'atteinte. Il me fallait avancer avec précaution et enjamber des impostes pour franchir les portes. C'était amusant d'inventer de nouveaux jeux et de voir le monde sous un jour différent.

Mais l'imagination elle-même a ses limites. Il existe toujours des zones et des objets qui se dissimulent à notre vue. Dogen a affirmé que des montagnes se cachent absolument partout et qu'elles sont même « tapies dans le concept même du "caché" ». Certaines choses nous resteront cachées toute notre vie mais, en les considérant sous un certain angle, nous parviendrons enfin à les situer et notre vie s'en trouvera moins éparpillée.

Imaginons que vous attendiez des amis à dîner et que vous ayez été prévenu à la dernière minute. Juste avant leur arrivée, vous vous agitez en tous sens pour ranger en hâte ce qui traîne et donner un air de propreté à votre maison. Sans le savoir, vous êtes en train d'accomplir un acte magique : créer une illusion, faire advenir ce que vous voudriez qu'il soit. En réalité, comme vous n'avez pas vraiment le temps de tout nettoyer, vous vous occupez du plus gros, en vous concentrant sur l'impression générale sans perdre de temps avec des détails que, de toute façon, personne ne verra. Dans ce cas particulier où le temps vous manque, cette hâte et ce travail bâclé sont parfaitement compréhensibles.

Il existe néanmoins nombre de recoins de la maison auxquels nous ne prêtons que peu d'attention – le tiroir du bas du bureau ou l'étagère tout en haut du placard. Il y a, de même, des parties de nous que nous avons tendance à ignorer complètement. L'un de mes maîtres zen m'a parlé un jour du « chien dans la cave ». Cette créature sauvage et incontrôlable est la part de notre personnalité que nous préférons garder cachée, loin du regard d'autrui. Nous lui assignons un coin sombre dont nous aimerions qu'elle ne sorte jamais. Après tout, ces forces négatives qui nous habitent sont bien trop visibles et embarrassantes. Qu'arriverait-il si ce chien s'avisait de se montrer en plein jour ?

Notre sens de l'ordre nous enjoint de garder toute cette « sauvagerie » bien séparée du reste de notre personnalité. Les jardins possèdent souvent un petit mur de briques ou une haie permettant de distinguer les zones cultivées de celles laissées à l'abandon. La vie est pleine d'autres lignes de démarcation, invisibles et même mouvantes. Face à la complexité des décisions à prendre, la plupart d'entre nous s'efforcent de garder le contrôle de la situation, mais nos efforts risquent de susciter de grandes frustrations et de forts déplaisirs. Il semble bien que certaines choses se refusent à tout contrôle et n'acceptent pas de rester dissimulées. Peut-être ont-elles leur idée personnelle sur ce que nous sommes supposés faire.

En réalité, il n'existe pas de différence entre nous et ce qui nous entoure. Quel soulagement d'apprendre que nous pouvons avoir ainsi confiance en nous-mêmes comme dans le reste du monde ! Lorsque notre conscience entre en résonance avec un objet extérieur, nous risquons de perdre le contrôle de la situation. Mais, en nous ouvrant ainsi au monde pour réaliser une forme d'empathie, les choses finissent par se contrôler elles-mêmes, indépendamment de notre intervention.

L'histoire du terme bouddhique *sangha* illustre parfaitement cette marche vers une perspective globale. À l'origine, il servait à décrire les élèves et les disciples du bouddhisme. Il reflétait l'idée d'une famille, d'un rassemblement autour de l'étude de cette religion. Par la suite, certains élargirent la définition du mot pour y inclure tous les êtres sensibles. Plus tard encore, d'autres affirmèrent que ce terme devait comprendre l'ensemble des réalités, sensibles ou non. Ils considéraient que les pierres et la lumière du soleil, les océans et les théières faisaient partie de la grande famille de la vie et méritaient d'appartenir officiellement au *sangha*. Finalement arrivèrent les plus extrémistes qui demandèrent l'abolition des limites et des restrictions. Ils réclamèrent que toute chose participe du *sangha*, qu'elle existe ou non !

Cela peut paraître ridicule à première vue, mais faut-il donc que quelque chose existe pour que nous nous y intéressions ? Ne préparons-nous pas la chambre de bébé avant sa naissance ? Ne conservons-nous pas la photo d'un être cher alors même que cette personne est décédée ? Ne gardons-nous pas la nostalgie de choses définitivement disparues ? Une fois encore, il existe des moyens d'élargir notre notion et notre définition des limites et des frontières. Nous pouvons parfaitement considérer notre vie sous un jour différent. Par exemple, en renversant mentalement, comme je le faisais enfant, l'équilibre physique de la pièce. Et surtout, en mettant les choses en pleine lumière et en entrant en communication avec elles.

Si vous essayez de mettre un peu d'ordre dans votre maison, n'oubliez pas que patience et bonne humeur font plus que force ni que rage. Voici l'histoire survenue un jour au voisin de l'un de mes amis... Cet homme possédait un raton laveur dont il prenait le plus grand soin. Il l'avait installé dans un enclos spécialement conçu et adossé au mur du vaste appartement de son propriétaire. Un week-end, appelé à l'extérieur, le voisin laissa son raton laveur seul à la maison, non sans lui avoir préparé de la nourriture et de l'eau pour plusieurs jours. Après le départ de son maître, l'animal comprit une règle intéressante concernant les objets fabriqués par l'homme : la plupart se dévissaient vers la gauche. C'est ainsi que s'ouvraient les tirettes de son enclos, de même que les poignées des tiroirs et des placards dans tout l'appartement. Les ampoules suivaient la même logique, tout comme les robinets. Le voisin de mon ami possédait une vieille machine à écrire de grande valeur. Le raton laveur réussit à déloger plusieurs barres de connexion et autres éléments mécaniques, abandonnant ensuite le tout sur la table. Pendant quatre longs jours, cet industrieux animal continua à tout démonter dans l'appartement. Le résultat ressemblait au passage d'une tornade dans une maison tranquille et bien rangée.

Jusque-là, tout n'était qu'ordre et propreté dans la demeure du voisin. Un seul élément n'y avait visiblement pas sa place : le raton laveur.

Samuel Beckett a prétendu un jour que notre tâche consiste à « trouver un moyen de s'accommoder de la saleté ». Sacré défi ! Il est tellement plus commode de tout laisser traîner : courrier, verres de jus de fruits à moitié vides, pulls ou stylos décapuchonnés. Tant de choses sollicitent notre attention ! Et, quelques jours plus tard, on se retrouve comme un idiot en train de se demander : « Mais que s'est-il passé ? Où est mon stylo ? Et d'où viennent tous ces trucs ? » On dirait que les objets refusent de nous obéir. Comme s'ils avaient leur propre idée de l'ordre qui leur convient.

« Toute chose doit se retrouver à sa place et il importe de bien faire ce que l'on fait... », affirmait Suzuki Roshi. Lorsque nous nous appliquons à ce que nous faisons et que nous le faisons au moment propice, le reste suit. Nous devenons « maîtres » des événements. Quand le maître dort, tout le monde en fait autant. Lorsque le maître agit comme il convient, tout le monde suit son exemple. C'est là le secret du bouddhisme.

Voici quelques règles de bon sens qu'il est préférable d'appliquer lorsque vous entreprenez de mettre de l'ordre chez vous : posez les objets les plus petits devant les plus grands, les plus légers sur les plus lourds, les plus fragiles à l'abri des plus durs qui risqueraient de les abîmer. Certains objets ont une existence plus difficile que d'autres.

Rangez chaque chose avec soin en prêtant attention au fait qu'il existe une différence entre la mettre à l'abri et l'enfermer ou la reléguer dans un coin. Mal ranger un livre ou un vêtement ou l'oublier ne diffère guère d'un abandon pur et simple. Même si l'objet en question est destiné à demeurer longtemps au même endroit, jetez-y un coup d'œil de temps à autre, souvenez-vous du jour où vous êtes entré(e) en sa possession et vérifiez son bon état. Rappelez-vous ainsi la valeur qu'il a pour vous. Procédez à des inventaires périodiques de vos nouvelles acquisitions. Observez-les bien. Ne craignez pas de reconnaître les erreurs que vous avez pu commettre en les achetant. Par-dessus tout, ne négligez pas ce que vous possédez.

Lorsqu'un objet est rangé à l'abri des regards, il court le risque de rouiller, de moisir ou de subir diverses détériorations. Les maîtres bouddhistes ont toujours conseillé à leurs élèves de réparer leurs possessions au fur et à mesure, d'aiguiser les couteaux, de faire briller tout ce qui doit l'être et de les entreposer en un lieu bien choisi, de telle sorte qu'elles soient utilisables dès que le besoin s'en fera sentir. N'accordez pas une excessive importance à des objets dont l'extérieur sophistiqué l'emporte sur le contenu.

Votre environnement immédiat représente généralement le meilleur endroit où placer un objet. La beauté pure d'une simple pierre, d'un arrangement floral ou d'un plat de céramique est souvent rehaussée par le décor dans lequel ils s'inscrivent. Un bouquet de fleurs trop volumineux ou une pièce excessivement encombrée ne permettent pas de se concentrer sur chaque objet en particulier pour en apprécier le charme. Vous serez sur la bonne voie le jour où vous parviendrez à focaliser votre attention sur un seul objet. Nombre d'œuvres poétiques – par exemple, celle de Pablo Neruda – sont le fruit d'une telle capacité d'observation. Ses odes jettent sur les objets les plus banals de la vie quotidienne – des ciseaux, un oignon, un fil à coudre – une lumière entièrement nouvelle.

Un microscope à balayage électronique peut dévoiler une forêt de fibres sur votre brosse à dents ou le paysage lunaire criblé de cratères de la pointe d'un crayon. L'observation attentive du monde nous offre des horizons infinis. Mais notre observation devrait également s'étendre aux espaces ouverts de notre vie. La physique des particules et les théories de la mécanique quantique sont venues confirmer nombre de conceptions bouddhistes sur le vide. Les choses sont reliées par le vide autant que par des structures. Il n'existe pas de forme sans le vide, pas de vide sans l'existence d'une forme. Et pourtant, nous ne vivons pas dans un espace vide. Nous vivons dans un monde de quotidienneté, ici et maintenant. Nous devons nous accommoder du vide et du hasard, ainsi que des objets abandonnés, dissimulés et mal placés.

Les artistes japonais classiques qui ont fait connaître au monde la gravure sur bois entamaient souvent leur travail en imprimant d'abord un noir pur sur une planche « parfaite ». Ils pouvaient ensuite commencer à graver la surface du bois qui avait le défaut d'interférer avec « l'esprit vrai » et à créer leur œuvre d'art (comme lorsqu'on vide une maison de tout le superflu pour ne garder que le strict nécessaire).

On dit souvent que chaque chose a sa place, mais bon nombre d'entre nous possèdent vraiment trop de biens matériels. Plus nous amassons d'objets, moins nous avons de temps à consacrer à chacun. Ils finissent par se cacher les uns derrière les autres, par s'obscurcir, se dissimuler et, parfois, disparaître complètement. Ils en arrivent à perdre leur utilité et à devenir des obstacles. Et l'on se retrouve à marcher sur une chaussure qui traîne ou à trébucher sur un oreiller abandonné par terre. Ne passez quand même pas votre temps à ranger ; rappelez-vous seulement de ne pas être « injuste envers votre environnement », pour reprendre la phrase de Suzuki Roshi.

L'esprit qui règne dans votre demeure est très important. Elle peut être remplie d'objets qui apportent un rayon de soleil dans votre vie – à moins que vous ne préfériez un cadre plus austère. Quel que soit votre choix, il doit refléter ce que vous êtes. Mais, dès que vous avez la sensation d'être envahi(e) par votre propre environnement, de perdre votre identité et de vous retrouver enseveli(e) sous les objets, il est temps de ranger ce qui traîne partout et d'observer votre décor d'un œil réaliste.

Débarrassez-vous de ce qui vous paraît inutile ou ne vous plaît plus : faites disparaître les vieux livres de votre bibliothèque ; offrez vos vêtements à ceux qui en ont plus besoin que vous ; si vous possédez un objet en double, donnez-en au moins un. Ce dont vous n'avez pas usage ne mérite pas d'être conservé. Comme lorsque vous vous débarrassez des mauvaises herbes de votre jardin, ce débroussaillage permet à ce qui subsiste de se développer.

Nombre de gens vivraient mieux si nous acceptions de leur céder ce dont nous n'avons plus l'usage ou que nous possédons en double. Il y a de longues listes d'organismes caritatifs dans les Pages jaunes de l'annuaire. Ils seront ravis de distribuer aux plus nécessiteux ce que vous voudrez bien leur confier. Donner ainsi profite à tout le monde. Qu'avez-vous à perdre ?

Dogen enseignait à ses élèves qu'ils n'avaient même pas besoin de posséder une chose destinée à rester dissimulée aux autres. Avant de décider de faire entrer un objet dans votre vie, demandez-vous où vous allez le ranger, comment vous songez l'utiliser et quelle quantité de votre temps précieux vous allez devoir consacrer à son achat. Pensez à donner plutôt qu'à acquérir. Ainsi que l'affirmait Ralph Waldo Emerson il y a bien longtemps, « les objets sont sur la selle et ce sont eux qui chevauchent l'humanité ».

Assurez-vous que vous ne décidez pas d'acheter quelque chose par pure tocade, pour suivre la mode ou pour vous faire bien voir des autres. Si toute la publicité faite autour des produits de consommation et le talent qu'y consacrent les designers ajoutent à leur valeur, comment se fait-il qu'ils finissent à la poubelle ou remisés sur une vieille étagère ? Que nous en ayons besoin ou non, on nous pousse à les acheter, puisque c'est « une affaire ». Inutile de sacrifier au mythe de la possession. Tentez plutôt de ne pas vous laisser aveugler par les slogans publicitaires. Et ne vous laissez pas entraîner par vos pulsions.

Laissez-moi vous raconter l'histoire de ce moine zen qui, il y a bien des siècles, perdit la tête au point de vouloir posséder la Lune, rien de moins... Une nuit où il se promenait, il trouva la Lune dans une mare d'eau de pluie. Il la ramassa, la mit dans une bouteille et la rapporta chez lui. Assis devant son petit bureau, il vida l'eau de la bouteille dans un autre récipient. Mais la Lune avait disparu.

On a souvent l'impression que les vendeurs, eux aussi, nous promettent la lune. La publicité est partout, elle envahit notre vie entière et redouble d'efforts pour nous tenter. On nous serine sans cesse combien nous serions plus heureux après avoir acquis telle ou telle marchandise.

Les maîtres zen, à commencer par Joshu (VIIIe-IXe siècles), nous ont avertis depuis longtemps que le bonheur ne consiste pas à consommer. Il est bien plus important de faire preuve de *discernement*. Demandez-vous : « Quel est donc ce produit ? À quoi sert-il ? A-t-il quelque valeur et en quoi peut-il m'être utile ? D'où vient-il ? Quelles plantes ou quels animaux a-t-on dû sacrifier pour le produire ? Puis-je m'en passer ? Quelqu'un d'autre en a-t-il plus besoin que moi ? »

Les habitants de pays moins développés qui se rendent dans nos riches contrées passent des heures, voire des jours entiers, dans nos magasins et nos marchés à contempler les marchandises qui y sont exposées. Les possibilités de choix sont infinies. Aux yeux de ces touristes, nos magasins sont comme des musées. Même la petite échoppe au coin de la rue leur semble une caverne d'Ali Baba.

Le maître zen vietnamien Thich Nhat Hanh emmena un jour un groupe de jeunes enfants dans un grand magasin français. Avant d'entrer, il leur précisa qu'il venait juste acheter quelques clous destinés à effectuer des réparations. Il leur assura toutefois qu'ils avaient toute latitude pour regarder ce qui les intéressait. Le maître zen et les enfants passèrent donc plusieurs heures à admirer ce qui s'offrait à leurs regards. Puis ils se dirigèrent vers la caisse pour payer les clous avant de quitter les lieux. Ce qui m'émerveille dans cette histoire, ce n'est pas tant le stoïcisme de ces enfants, mais qu'ils soient entrés en sachant pertinemment qu'ils n'achèteraient rien et qu'ils n'en aient pas moins consacré tout leur temps à admirer le spectacle sans se laisser séduire par les sirènes de la consommation.

Si vos capacités de rangement sont limitées, servez-vous de tables et d'étagères spécialement conçues pour les coins de la maison. Des éléments de rangement sous le lit ou dans des endroits où ils ne dérangent pas sont également intéressants. Si ce n'est pas possible, profitez de l'occasion pour pratiquer quelques tours de magie. Faites disparaître les petits paniers dans de plus grands, placez les objets minuscules dans d'autres légèrement plus volumineux.

Parfois, vous avez l'impression que votre environnement se met à tournoyer autour de vous, qu'il est devenu un capharnaüm de gadgets, de souvenirs, de pensées et de trésors. Il y a des siècles, le prêtre Kyozan demanda au maître Isan : « Quand des centaines de milliers de choses viennent à moi en même temps, que dois-je faire ? » Isan répondit : « Ce qui est bleu est bleu, ce qui est jaune est jaune. Les choses n'ont en soi aucune intention d'être utiles ou de faire du tort. Ne vous en occupez pas. Toute chose a sa place dans l'Univers. »

Lorsque vous rangez vos vêtements d'été, c'est l'été lui-même que vous faites disparaître dans votre commode. Lorsque vous ajoutez un pot d'épices dans le placard de la cuisine, vous préparez des réserves pour l'avenir. En mettant chaque objet à sa place, réfléchissez aux inconvénients de la propriété et de la possession et pesez la valeur des choses. Vous allez enfin faire l'expérience de l'infinité de l'espace.

Un monde de fenêtres

L es fenêtres sont des ouvertures sur la lumière. Plus vous aurez de fenêtres dans votre existence, plus vous bénéficierez de luminosité pour observer ce qui vous entoure. Et si vous décidez de regarder ces fenêtres au lieu de regarder *à travers* elles, vous allez découvrir des réalités insoupçonnées. Une fenêtre est à la fois une ouverture translucide et une frontière invisible. Elle permet de séparer l'intérieur de l'extérieur. Elle définit une division invisible du territoire, une ligne de clarté qui relie le visible et le monde lointain, une barrière qui enclôt et une ouverture sur de nouveaux horizons.

Il n'est pas inintéressant de remarquer que, lorsque la répartition des ombres et de la lumière se modifie, les fenêtres se transforment en miroirs. Non seulement le verre devient apparent, mais nous devenons apparents nous-mêmes. La surface réfléchissante du verre obscurcit partiellement les différences entre l'extérieur et l'intérieur, tandis que les images de notre environnement se superposent à celles venues d'au-delà des murs. Cette nouvelle manière de voir les choses résulte de la qualité cachée d'un verre qui ne serait ni trop transparent, ni trop propre.

Prendre soin de vos fenêtres peut se révéler une expérience particulièrement enrichissante, surtout si vous les nettoyez par une journée ensoleillée. Vous sentez alors la chaleur des rayons vous pénétrer. Et vous allez vous demander ce que vous voyez. Que recherchez-vous lorsque vous tentez de mettre un peu de clarté dans votre vie ? Quels sont les obstacles que vous rencontrez ? Jusqu'où cette clarté parvient-elle à s'étendre ? Si le nettoyage de vos fenêtres mobilise votre sens de la vue, des sons vous parviennent également. Écoutez le crissement du chiffon sur le verre et le bruit de l'eau qui s'en égoutte. Ainsi que le poète Santoka avait l'habitude de dire, « dans le bruit éternellement renouvelé de l'eau, vous trouverez toujours le Bouddha ».

En lavant les carreaux, ceux qui étudient le zen s'efforcent d'éviter que l'eau ne laisse des traces sur le verre. Ils mettent tout leur cœur à ce qu'ils font tout en effaçant la moindre trace de leur activité. De la même manière, ils essaient de ne pas laisser se former d'inutiles ombres dans leurs pensées et de trouver la joie et la liberté dans chacune de leurs expériences. Un travail soigneux permettra de vous forger un « esprit clair comme le verre ». Et, en vous concentrant sur l'acte même de passer le chiffon, vous découvrirez l'origine de votre propre émancipation.

Il convient toutefois de ne pas être « obsédé(e) » par cette démarche mentale. Pas besoin de s'acharner. Il s'agit plutôt de trouver le geste simple et facile que vous puiserez dans votre propre calme intérieur. Inutile de vous efforcer d'obtenir la propreté et la pureté totales. La clarté parfaite n'est pas sans susciter ses propres inconvénients. Une fenêtre absolument transparente est un danger pour les oiseaux et les insectes. Une eau parfaitement pure ne constitue pas un environnement sain pour les poissons car elle ne leur offre plus d'endroits où se reposer et se cacher de leurs prédateurs. Simplement, en nettoyant régulièrement vos vitres, avec soin et confiance, vous permettrez à votre demeure de mieux profiter du printemps comme de l'hiver.

Lorsque vous laissez la lumière pénétrer votre univers, vous êtes mieux à même de voir les choses telles qu'elles sont et d'apprécier avec plus d'objectivité la beauté et l'importance de votre vie. Dogen décrivait cette sorte d'objectivité comme la capacité d'observer les fleurs sans exiger plus de couleur, de fixer la lune sans lui demander d'être plus brillante. Si vous vous ouvrez davantage à l'expérience, vous entrez en empathie avec les choses. Vous parvenez alors à jouir de la lumière du soleil, de la lune et des étoiles, mais également du bruit du petit chiot qui vient frotter son nez contre votre vitre.

Lorsque vous en avez terminé avec une fenêtre, passez à la suivante. À chaque fois, vous éclairez votre cadre de vie, et la réalité du monde extérieur en devient plus vivante. Là encore, cette tâche banale vous permet de rassembler les choses apparemment éparses.

L'idée d'entretien

Entretenir votre demeure est une tâche qui a ses exigences. L'obligation de s'acquitter de certaines d'entre elles régulièrement, qu'il vente ou qu'il pleuve, tend à vous les faire vivre sans méthode et sans cœur. Vous ne nettoyez pas votre intérieur et vos meubles seulement par amour de la propreté, mais pour les préserver et les protéger. Et pourtant, le Bouddha nous enseigne qu'il n'existe pas d'état permanent des choses : tout change, se détériore et finit par disparaître. Tout n'est que temporaire et éphémère.

Quel que soit le soin que vous apportez aux objets qui vous entourent, un jour arrivera où la porte du placard se mettra à jouer et où la chaise sur laquelle vous êtes assis(e) se brisera sous votre poids. Vous n'êtes en rien propriétaire de votre vie ni de tout ce qu'elle contient. Tout cela reste précaire. Votre respiration elle-même est fugace et votre cœur ne bat que d'une manière transitoire.

À mes yeux, les formes d'art les plus séduisantes sont aussi les plus fugitives, celles qui se déroulent en temps réel, comme le théâtre ou le concert. Tout peut arriver quand un artiste se produit sur scène. Les choses peuvent aller de travers ou bien on aura le bonheur d'assister à une expérience transcendantale. Sous le charme, on peut être subjugué par une sonate ou par une improvisation de jazz, sans même songer à se demander comment cela va finir, ni s'interroger sur les objectifs ou le déroulement de l'œuvre. Nous sommes comme *entraînés* instantanément par les acteurs ou les musiciens. Il n'existe plus rien d'autre que ce merveilleux moment qui nous enveloppe.

De même, les maîtres zen ont démontré que nous sommes en mesure de faire de chaque parcelle de notre vie une expérience capitale et unique. Aussi ennuyeux et futile soit-il, il est impossible de retirer un seul instant au temps sans anéantir par là même tout sens du présent, du passé et de l'avenir. En réalité, le temps existe en totalité dans ce moment même. Par exemple, lorsque vous apportez toute votre attention et votre énergie à chacune de vos activités domestiques, vous ne vous consacrez plus *seulement* aux travaux de ménage ou de cuisine, mais vous participez au fonctionnement de l'Univers tout entier. Le jour où vous rangez votre armoire à pharmacie, retroussez vos manches et faites de votre mieux. Si vous travaillez ainsi, en contact étroit avec les petites tâches quotidiennes, vous ressentez le lien qui unit toutes choses entre elles. Car tout est lié sur cette Terre. Dans la Grèce antique, on évoquait Gaïa, symbole de la Terre Mère et déesse de l'Univers. Désormais, les théories scientifiques les plus récentes considèrent la Terre comme une entité organique autosuffisante et complète. Ses fleuves, ses criques et ses océans fonctionnent comme un système circulatoire, tandis que son atmosphère est une sorte de peau. Les scientifiques soulignent que la santé de la planète dépend étroitement des forêts, des cours d'eau, des microclimats et des nuages. Tout est une question d'équilibre. Chaque partie du globe a son importance. Dans la nature, rien n'existe sans raison.

Considérez également votre maison comme une unité organique. L'épiderme (les murs) renferme des systèmes d'eau, de chauffage et de circulation. Sous cette peau, vous pouvez parfaitement modifier votre espace de vie en y ajoutant des objets, à l'instar des transformations que la nourriture exerce sur votre corps. De même que le temps est conditionné par les différents systèmes de pression qui entrent en relation les uns avec les autres, de même les sensations que dégage votre espace de vie sont déterminées par ce qui vous entoure : le genre de musique que vous écoutez, la nourriture que vous préparez, les amitiés que vous entretenez, les livres que vous lisez et les douzaines de décisions que vous prenez chaque jour. Aucun endroit, fût-il le plus reculé, n'est dépourvu de sens. Si vous souhaitez vivre dans un lieu agréable, il convient d'éviter que les portes grincent ou que l'eau s'infiltre par le toit les jours de pluie. Faites le nécessaire pour que toute chose fonctionne conformément à sa finalité.

Certains se mettent en quatre pour protéger les objets qui les entourent, au point de ne plus pouvoir en jouir sereinement. Il m'est arrivé un jour d'accompagner un ami chez ses parents, qui vivaient dans un luxueux six pièces à San Francisco. Le mobilier et la décoration respiraient le bon goût et l'argent. Et pourtant, le moindre objet était recouvert de plastique ! Les abat-jour étaient enveloppés de housses, les canapés et les fauteuils de vinyle transparent, et de longs rouleaux de plastique protégeaient le sol et les tapis. Je me suis risqué à demander naïvement si l'on était en train de repeindre l'appartement. C'est sur un ton à la fois irrité et offensé que la mère de mon ami m'a annoncé qu'il n'en était rien et qu'ils avaient toujours vécu ainsi. J'avais du mal à comprendre que ces gens puissent vivre dans de pareilles conditions. Ils s'asseyaient, marchaient et mangeaient sur du plastique, ne découvrant leurs richesses que tous les deux mois à l'occasion de réceptions. La mère nous a proposé de goûter aux délicieuses oranges qu'elle venait de rapporter du marché. Son fils a accepté. Elle lui a donc demandé d'aller manger dehors. Mon ami dut sortir par la porte de derrière. La déesse Gaïa a dû rester sacrément perplexe ce jour-là.

Ne vous comportez pas de manière compulsive chez vous. Inutile de vous promener armé(e) de chiffons et de serpillières à la recherche d'un ennemi tapi dans l'ombre. Inutile aussi de recouvrir votre mobilier d'un plastique protecteur ni de vaporiser en permanence un produit antibactérien. Si vous vous laissez aller à de telles manies, vous risquez de perdre tout contact avec le réel et de vous priver d'une expérience enrichissante. Vous pouvez parfaitement nettoyer l'évier sans pour autant vous émouvoir de la moindre tache. Un proverbe bouddhiste affirme que, « lorsque nous cherchons le Bouddha sur les cimes, nous passons à côté de celui qui se trouve dans la vallée ». En d'autres termes, si nous nous préoccupons trop de pureté, de notre image, et si nous cherchons sans cesse à exercer un contrôle sur nous-mêmes, ce sera au prix de notre bien-être. Nous risquons alors de ne plus savoir comment nous détendre ni jouir de notre foyer. Et certains plaisirs nous deviendront définitivement étrangers.

Notre lieu de vie doit refléter notre véritable personnalité, notre nature profonde. Chaque pièce, même celle que nous n'occupons que provisoirement – dans un hôtel, par exemple –, peut s'imprégner de notre personnalité. En modifiant l'éclairage, en ajoutant des fleurs et des décorations, en améliorant l'ambiance, comme Gaïa lorsqu'elle affecte le climat et donc l'humeur de la planète. Si nous sommes en harmonie avec notre environnement, nous le serons avec nous-mêmes. Que nous nous promenions sur une crique déserte ou dans les allées d'un supermarché, essayons de demeurer toujours calmes et confiants.

Apprenez à consacrer toute votre intelligence à l'entretien de votre foyer. Développez-la en vous concentrant sur ce qui mérite d'être modifié. Quoi que vous fassiez, tout ce qui constitue votre vie est voué au changement. La joie ne vient pas d'un désir forcené de garder les choses dans leur condition originelle, mais de les maintenir simplement en bon état.

7

Changer les couleurs

Cela fait désormais près d'un mois que je suis tombé de mon échelle ou, plus exactement, que je suis tombé *avec* mon échelle. Accroché à trois mètres de haut, j'étais occupé à peindre le mur extérieur de notre maison, un pot de peinture dans une main et un pinceau dans l'autre, lorsqu'un barreau se déroba sous mes pieds. Je n'eus pas même le temps de repasser en totalité le film de ma vie. Après avoir violemment heurté le sol, je me retrouvai étendu sur l'échelle, comme un surfeur sur la crête d'une vague furieuse.

Une longue traînée de peinture maculait le mur. Je me précipitai pour aller chercher le tuyau d'arrosage et rincer la surface avant que la peinture ait eu le temps de sécher. À l'exception de quelques écorchures et de quelques bleus, mes blessures étaient sans gravité, je ne m'étais rien cassé.

On dit souvent qu'en peinture la préparation représente la moitié du travail. Mais il est difficile de se préparer à tout. Lorsque nous croyons avoir pensé à tous les détails, il arrive toujours quelque chose pour mettre à mal notre autosatisfaction. *C'est la vie. N'en faites pas une affaire personnelle. Vous n'êtes pas en cause. Les choses sont ainsi, voilà tout.*

Chaque étape de votre travail, chaque coup de pinceau peut se révéler simple routine ou tourner à la catastrophe. Dogen a comparé un jour l'Univers à l'acte de peindre. Cette activité vous permet généralement d'apporter des modifications importantes à votre environnement. Il arrive qu'un simple lavage ou récurage ne suffise pas à raviver une pièce ou la façade de votre maison. Il faut alors prendre des mesures drastiques et mettre de nouvelles couleurs dans votre vie. Aux yeux de nombre d'entre nous, il s'agit là d'une expérience agréable, positive et gratifiante. Pour d'autres, en revanche, c'est une chose à n'entreprendre que lorsque tout le reste a échoué.

D'une certaine manière, la peinture représente l'une des activités les plus élémentaires. Vous voilà, votre pinceau à la main, devant une surface à peindre. Allez-y ! C'est le moment ou jamais de faire l'expérience de l'*im*pensé. Lancez-vous. Vous risquez de commettre une erreur si vous réfléchissez trop, de devenir nerveux, tatillon, et de finir par abandonner. Par ailleurs, si vous ne pensez pas du tout à ce que vous faites, qui sait à quelles catastrophes vous allez vous exposer ? Il ne s'agit donc pas d'être distrait(e). Simplement de peindre, en restant conscient(e) de votre travail, mais *sans y penser*. Laissez vos bras, vos doigts, vos jambes et votre pinceau faire le travail.

On peut s'étonner de trouver fréquemment du noir (coussins, vêtements, etc.) chez les bouddhistes zen si soucieux de se mettre en harmonie avec l'Univers et sa riche palette de couleurs. Mais il faut se souvenir que le noir est le symbole des choses pratiques et de la tradition. Au Japon, c'était une couleur très répandue et bon marché, tout comme l'indigo. On jugeait ces deux teintes très commodes car elles permettaient de dissimuler l'usure et la saleté. J'aime penser au « noir zen » comme au noir qui contient toutes les autres couleurs. Katagiri Roshi avait l'habitude de dire que, « si l'on peint un sapin en ne se servant que de peinture noire, cette seule teinte en suscitera bien d'autres ».

La peinture permet aussi de protéger les objets de la rigueur des éléments. C'est également une merveilleuse manière d'observer la manifestation du changement. De même que mélanger du bleu et du jaune produit du vert, le mélange de vos actes et de votre conscience génère un véritable renouveau au sein de la vie quotidienne.

Profitez des innombrables subtilités qui enrichissent les couleurs de votre environnement. Prenez plaisir à en ajouter une de temps à autre. Peindre, c'est affirmer votre confiance dans les choses – mais ne quittez pas des yeux votre échelle !

8

Le style : les objets qui composent votre environnement

P our choisir son mobilier, on consulte généralement un magazine de décoration ou l'on demande l'avis d'un décorateur. Pourtant, avant de vous précipiter, réfléchissez d'abord à la différence qui existe entre les concepts de *mode* et de *style*. La mode incarne, à mon sens, la pointe de la tendance – ce qui est racoleur et lourdement publicisé. Ce genre de produits nourrit les sujets de conversation et attire l'attention des médias. Le style, c'est autre chose. Il semble n'obéir à aucune règle. Telle une fleur qui peut s'épanouir d'innombrables façons, un véritable style se reconnaît au premier coup d'œil. Ce n'est pas un art que l'on acquiert en copiant les autres ou en suivant passivement la dernière mode.

Aussi curieux qu'il y paraisse, j'ai beaucoup appris sur ce sujet en pratiquant le base-ball au cours de mes études secondaires. Un après-midi où nous recevions une équipe d'une autre école, composée pour l'essentiel de fils d'agriculteurs issus de ce qu'on appellerait aujourd'hui un « lycée de rattrapage », nous arborions des shorts de couleur et des casquettes brodées, tandis que les joueurs de l'équipe adverse portaient des jeans et des tee-shirts blancs. Chacun avait noué à sa ceinture un long ruban aux couleurs de son école. Si nous avons triomphé ce jour-là (notre école avait un bien plus grand vivier d'athlètes et se trouvait en tête du classement), le dynamisme et le courage de nos adversaires nous laissèrent pantois. Ils se battaient comme des lions, se hurlaient des encouragements et parcouraient le stade en tous sens avec leur ruban claquant au vent derrière eux. Nous avons gagné mais, au fond de nous-mêmes, nous étions conscients de ne pas former une aussi bonne équipe. Quelques jours plus tard, certains d'entre nous décidèrent de retrouver ce même esprit combatif en accrochant des rubans à la ceinture de leurs shorts et en hurlant des encouragements à leurs compagnons, mais ce n'était pas pareil.

Nous avions tous fait l'expérience du style, de quelque chose qui n'avait rien à voir avec le fait de gagner, ni même la mode. C'était une question de courage et de caractère.

Le maître zen américain Maurine Stuart reçut une précieuse leçon de style le jour où elle rencontra son propre maître, Sœn Roshi. Ils étaient tous deux tranquillement assis en méditation. Plus tard, alors qu'il l'informait qu'il acceptait de se charger de son enseignement, le maître ajouta que le style de la jeune femme l'impressionnait énormément. Maurine protesta, affirmant qu'à ses yeux le style était une chose superficielle et ne pouvait se comparer à la sincérité, à l'effort et aux bons sentiments. Mais Sœn insista : « Non, non, non, le style est très important. »

Ceux qui se rendent pour la première fois dans des centres zen sont généralement impressionnés au premier abord par leur atmosphère. Ils apprécient la tranquillité et la sérénité qui y règnent, soulignées par l'absence de tout mobilier superflu. Dans la plupart des centres zen, on vit de manière relativement ordinaire et on se satisfait de choses simples – ce qui facilite la concentration de l'élève. Certains voudraient rapporter ce sentiment de paix chez eux et tentent de décorer leur foyer dans un style japonais assez austère. Ils meublent leur appartement de futons, de tapis de bambou, d'abat-jour en papier et autres babioles « exotiques ». Si vous vous intéressez à l'architecture et à la culture japonaises et souhaitez que votre demeure ressemble à un *zendo*, pas de problème. Mais il vaudrait mieux vous demander, en toute sincérité, s'il ne s'agit pas là d'une attitude affectée.

Il existe de nombreuses façons de puiser ce sentiment de plénitude dans son environnement. Vous pouvez vous servir de matériaux naturels et complémentaires (tels que l'eau et la pierre), dessiner des courbes douces et des lignes claires, installer un éclairage tamisé et discret ou disposer un peu partout vos plantes préférées. Inutile pour autant d'essayer de copier le style zen. Choisissez en fonction de vos propres goûts. Il n'existe pas de règle concernant la décoration, mais vous serez bien plus heureux(euse) si vous le faites avec votre cœur.

Prenez tout votre temps pour choisir le mobilier. Ne commettez pas l'erreur de vous laisser aller à vos impulsions. La spontanéité est une bonne chose pour choisir un nouveau parfum mais, s'agissant de votre décor, il vous faudra assumer vos décisions pendant bien plus longtemps. Optez pour des articles qui s'harmonisent avec ceux que vous possédez déjà. Si vous commencez dans une pièce vide, portez la plus grande attention au premier meuble que vous allez sélectionner. Respectez l'espace de chaque pièce. Laissez à votre mobilier la place de respirer.

Pour des raisons mystérieuses, nous avons l'habitude de présenter notre demeure sous un jour différent de celui sous lequel nous la voyons nous-mêmes. Lorsque nous recevons du monde, nous nous lançons dans un ménage en grand et disposons des fleurs un peu partout. Nous ouvrons les fenêtres pour aérer et faisons la chasse aux sous-vêtements qui traînent ou au trognon de pomme abandonné près du téléphone ! Pourtant, lorsque nous sommes seuls chez nous, nous portons assez peu de soin aux pièces dans lesquelles les invités n'ont pas l'occasion de se rendre. Bref, nous appliquons des critères différents... comme un commerçant qui aurait deux livres de comptes, un pour lui-même et l'autre pour le contrôleur. En japonais, il existe deux termes pour désigner ces différences : *omote*, ce qui est devant, à la surface des choses, et *ura*, ce qui est derrière. L'étude du zen n'est que l'un des moyens permettant d'intégrer ces deux faces de notre nature, d'ouvrir les portes pour vivre à l'air libre avec notre véritable personnalité.

Lorsque vous faites vos bagages pour aller camper ou partir en vacances, vous n'emportez avec vous que le strict nécessaire. Vous laissez de côté les choses futiles, lourdes, insignifiantes ou qui font double emploi. Mais, chez vous, vous disposez de plus d'espace afin de conserver des objets pour votre seul plaisir. Nombre d'entre nous se passionnent pour les antiquités ou les œuvres d'art et sont parfois collectionneurs. Mais beaucoup aussi font des achats pour de mauvaises raisons : ils font l'acquisition d'une toile ou d'un livre non parce qu'ils les aiment, mais parce qu'ils croient pouvoir ainsi impressionner leurs invités. Ils recherchent un statut en espérant qu'on les considérera comme des personnes de goût, des esprits cultivés. En ignorant ainsi leurs véritables désirs, ils perdent beaucoup de temps et d'argent à la recherche d'une simple illusion – *omote*, « la surface, l'apparence ».

Il est pourtant tellement merveilleux de dénicher un objet dont on puisse réellement tirer du plaisir ! Une œuvre d'art peut mettre une pièce en valeur et apporter de grandes joies dans notre quotidien. Elle a sa personnalité propre et met du sens dans notre vie. Elle devient un point focal et se révèle complémentaire du décor qui l'entoure. Et, cependant, il est tout aussi primordial d'apporter la même attention aux ustensiles de cuisine qu'à l'achat d'une sculpture. En tous temps et en tous lieux, les hommes ont pris l'habitude d'intégrer la beauté à leur ordinaire – de jolis peignes, de belles cuillères ou de charmantes théières. Aujourd'hui, la production de masse a dépouillé quantité d'objets banals de leur dimension artistique, mais on peut encore trouver des articles fabriqués avec amour. Évitez ce dont vous n'avez pas réellement besoin. Et, lorsque vous vous décidez, respectez votre acquisition comme si vous l'aviez fabriquée de vos propres mains.

Lorsque la décoration de votre domicile est achevée, prenez le temps d'observer votre travail. Votre maison va devenir une extension de vous-même, elle sera sujette à toutes sortes de transformations et nécessitera de l'attention. Comme les maîtres zen aiment à le répéter : « Rien n'est éternel. » Cette pensée vaut particulièrement pour le décor de notre foyer.

9

Les dix mille choses qui sont sous vos yeux et que vous ne voyez pas

Tout ce qui nous entoure présente de l'intérêt. Commençons par une ampoule. Cet article a sa propre poésie et possède de merveilleuses qualités : la délicatesse de sa surface, la fine solidité de ses filaments, le verre en forme de poire, sa « légèreté », au sens propre comme au figuré. Chaque ampoule est extraordinaire, elle accomplit son travail et satisfait notre désir d'éclairer une pièce obscure. Il n'est pas sans intérêt non plus de considérer son invention, sa fabrication, comment elle est parvenue jusqu'à nous, comment elle a été commercialisée, son coût, le soin qu'il convient de prendre d'elle et son éventuel remplacement.

Si vous deviez fabriquer vos propres ampoules, comment feriez-vous ? C'est en vous posant cette question que vous mesurerez la complexité de ces objets du quotidien. Même chose pour les crayons, les tubes de dentifrice ou les grille-pain. Qu'en serait-il si vous deviez les fabriquer vous-même ? Comment vous y prendriez-vous ? Votre vie en serait-elle simplifiée ?

Il me semble que le moins que nous puissions faire, c'est de montrer notre gratitude envers ces objets que nous avons fait entrer dans notre maison, comme nous le ferions pour des amis. Lorsque vous changez les piles de votre lampe de poche, attendez un instant avant de jeter les piles usagées et songez à ce qu'elles vous ont apporté, aux objets qu'elles ont éclairés, aux accidents qu'elles ont évités et aux choses qu'elles vous ont aidé à trouver. Offrez-leur un moment de respect, de remerciement, une pensée.

Si, comme la plupart des gens, vous avez entassé chez vous quantité de petits riens : bougies, cache-pots, ciseaux, pendules, toutes choses très utiles dans la vie de tous les jours, à la longue vous ne les voyez plus, tant elles vous sont familières. Ce n'est que le jour où elles tombent en panne que vous leur prêtez attention. Pourtant, elles vous assistent dans toutes vos tâches, vous garantissent souvent une meilleure sécurité, facilitent votre vie et vous soulagent de bien des efforts.

Chaque élément de notre environnement – et même chaque objet dans l'Univers – existe selon sa nature, déterminé par des causes et des effets. La bougie existe à cause de l'obscurité. La couverture à cause du froid. Et l'araignée existe en raison de la longue lignée d'araignées qui l'ont précédée et se sont reproduites avant elle. Lorsqu'on les abandonne, les choses retournent à leur état sauvage naturel. Si vous ne prenez pas soin de votre grenier, les termites affluent en grand nombre et les souris prolifèrent. Si vous négligez votre jardin, les mauvaises herbes envahissent tout. Chaque chose trouve la meilleure occasion d'exister et arrive à point nommé. L'état sauvage possède sa propre sagesse et l'on ne peut nier sa capacité de résistance et de détermination.

Nous avons réfléchi à l'origine des objets qui nous entourent et à la façon de les disposer chez nous. Mais comment rendre compte de notre sens de l'ordre ? Pourquoi aimons-nous ranger l'argenterie toujours de la même façon dans un tiroir ? Pourquoi les designers apprécient-ils tant les lignes droites et les coins d'équerre ? Pourquoi le chaos qui règne dans la petite pièce du fond vient-il en contradiction avec la propreté qu'on trouve partout ailleurs dans la maison ?

En général, les meubles et les appareils les plus lourds restent à la même place. Ce sont les plus petits qu'il faut disposer et entretenir avec plus de soin, sans doute parce qu'ils reflètent notre souci de l'ordre. Nous alignons le paillasson le long du mur, rangeons les ustensiles de cuisine, redressons les tableaux et les abat-jour, rangeons nos vêtements. Nous sommes passionnés de symétrie, de lignes droites, de plat et de lisse, et de rangement impeccable. Le danger, c'est de perdre de vue le sens intrinsèque des objets, le comment et le pourquoi de leur existence, et de nous adonner à une quête déraisonnable d'ordre et de rangement. Si nous nous mettons à lustrer le bois de manière obsessionnelle, nous risquons de l'user. Si nous aiguisons abusivement nos couteaux, leur vie sera plus brève. Il faut trouver un juste équilibre entre l'état sauvage du bûcher et la propreté d'un laboratoire de chimie, le juste milieu entre l'hygiène et le confort, l'ordre et l'effet de surprise. Les petits objets qui nous entourent semblent alors trouver leur place, libres de tout artifice. Ils paraissent s'entendre les uns avec les autres, apportant une chaleur nouvelle et une nouvelle harmonie au foyer.

Progressivement, nous parvenons ainsi à établir des relations avec les choses. Celles qui nous entourent font partie de notre existence, conservent leur utilité et ne disparaissent pas, oubliées, au fond d'un placard. Une certaine sagesse se révèle lorsque nous participons à l'entretien des objets qui composent notre environnement. Nous découvrons alors l'intimité cachée que nous entretenons avec notre cadre de vie. Le simple fait de passer le chiffon sur le téléphone, d'épousseter les livres et d'aérer les couvertures, d'enlever les miettes du grille-pain ou de changer l'eau des fleurs permet une communion plus étroite et sereine avec les choses de la vie. À travers ces rituels, nous participons à la préservation de l'énergie et apprenons la valeur du silence et de l'obscurité. Nous apprenons à faire confiance aux choses et comprenons que certaines d'entre elles sont au-delà de toute évaluation.

Et tout commence à devenir plus intéressant.

Ce qui se perd, se casse ou s'use

L e déroulement des images changeantes qui s'offrent à nos yeux n'a pas de fin. Si nous nous mettions à dresser une liste des gens et des objets rencontrés au long de notre vie, il faudrait des siècles. Essayons juste de nous souvenir des choses qui sont passées entre nos mains. Imaginons toutes celles qui le feront à l'avenir. Les gens et les choses entrent sans répit dans notre vie, puis s'en vont.

Renverser du lait, laisser tomber une assiette ou un verre, déchirer un abat-jour avec le manche de son balai, et nous voilà en colère contre nous-mêmes : « Comment ai-je pu faire ça ? Je suis vraiment trop distrait(e) ! » Nous souhaiterions

– comme avec une cassette – effectuer un retour en arrière pour corriger et rejouer cette scène. Rappelons-nous, pourtant, que ces incidents, ces moments de spontanéité imprévus nous permettent de mieux apprécier les objets qui viennent de se renverser ou de se casser. Ils nous prouvent que nous pouvons encore être surpris. Nous ressentons alors une montée d'adrénaline, une sensation d'étrangeté et d'impuissance. Nous nous sentons plus vivants, plus conscients.

Le bouddhisme ne manque pas de faire remarquer que rien de ce que nous voyons autour de nous n'est permanent, tout subit la nature transitoire de l'existence. Ce n'est pourtant pas ce que la plupart des gens ont envie d'entendre. Les poètes *haïku* ont élevé cette réalité à une très haute forme d'art. Dans leurs poèmes les plus brefs, un arrangement de dix-sept syllabes sur trois lignes, ils tentent de faire ressentir l'essence d'un bref moment de leur vie. «*Tout est Bouddha*, écrit Dogen. *Aller au-devant des choses pour en faire l'expérience est une illusion. Mais laisser les choses venir d'elles-mêmes illumine notre vie.*»

Comment, alors, donner aux objets l'occasion d'exprimer leur réalité profonde ? Simplement en les considérant pour ce qu'ils sont, sans y projeter nos propres valeurs, notre personnalité, nos goûts et nos jugements. Tandis que vous essuyez le lait renversé et balayez les éclats de verre, concentrez-vous sur le fait que notre cadre matériel n'est pas éternel et qu'il existe un élément de surprise et de danger dans les activités les plus anodines. Vous pouvez alors confronter les nombreuses possibilités inhérentes au commencement et à la fin de toute chose.

Si nous avons affirmé que nous vivons dans une société du « jetable », nous devons reconnaître que certains objets sont irremplaçables : photographies de ceux qui nous sont chers, cadeaux que nous avons reçus, œuvres d'art, souvenirs divers, etc. Chaque chose est précieuse, unique, elle possède sa vérité propre, son « âme », et va disparaître en temps et en heure. N'oubliez pas de « permettre aux choses de vivre leur propre vie ». Rappelez-vous les petites erreurs ou les désagréments qui vous dérangent. Beaucoup d'objets semblent vouloir nous résister et on ne parvient jamais à se débarrasser des obstacles matériels. Il existe néanmoins une grande différence entre laisser tomber quelque chose par inadvertance et le jeter à la poubelle.

Lorsque vous cassez un objet, votre première impulsion est-elle de le jeter ? Préférez-vous, au contraire, le réparer tout en regrettant tristement la perte de sa « perfection » originale ? Quoi qu'il en soit, considérez la façon dont les Japonais traitaient les ustensiles de la cérémonie du thé.

S'ils étaient fabriqués dans les matériaux les plus simples, comme l'argile, ces tasses à thé et ces bols étaient admirés pour la pureté de leur ligne et leurs qualités spirituelles. On en prenait le plus grand soin et ils étaient l'objet du plus grand respect. Voilà pourquoi une tasse à thé de cérémonie n'était presque jamais cassée. Lorsque, malgré tout, un accident arrivait et qu'une tasse se brisait, on la réparait avec de l'or. Plutôt que d'effectuer une réparation cosmétique, on mettait au contraire en relief les lignes des fêlures et des brisures. Les fines couches d'or annonçaient à tous que la tasse avait été cassée, puis réparée, et qu'elle était donc sujette au changement. On en rehaussait ainsi la valeur.

Les gens ont tendance à dissimuler leurs erreurs, à tenter de remettre les choses en l'état et à affirmer qu'elles sont exactement comme avant et que leurs cœurs n'ont pas été brisés. Dans la réalité, les choses se cassent. Elles peuvent fondre. Il arrive qu'elles nous abandonnent. Au cours du temps, c'est parfois vous qui les cassez et leur apportez des modifications. Efforcez-vous donc de partager vos expériences, plutôt que de cacher votre côté humain.

Nous apprécions ce qui est nouveau pour sa fraîcheur, sa vigueur et l'absence de tout âge et de toute usure. Et pourtant, c'est avec le temps que les objets, comme les êtres vivants, développent leur personnalité. Il y a quelque chose d'agréable dans le fait d'utiliser un outil poli par l'âge, d'enfiler un vieux pull-over, de feuilleter un livre de chevet. Nous devons apprendre à apprécier un vieux chêne couvert de cicatrices, à observer les lignes et les coutures à la surface des choses, à voir leur beauté et les services qu'elles nous rendent. À apprécier les choses « pour ce qu'elles sont ».

Dans une période de grand malheur, après avoir perdu un être cher ou connu le traumatisme d'un incendie, beaucoup ont envie de faire une pause pour analyser ce qui est arrivé. Mais même les incidents les plus triviaux ou les plus anecdotiques de la vie quotidienne – le moineau qui vient se poser sur la fenêtre, le lait répandu sur le sol, la planche à découper usée – offrent l'occasion d'apprendre. En réalité, ces moments exigent qu'on leur accorde la plus grande attention. Ils nous demandent de partager notre conscience du monde avec eux, car c'est ainsi qu'ils peuvent vraiment exister.

11

Chapelles, autels et icônes :
les lieux de recueillement à la maison

Par un froid après-midi de décembre, je me rendis chez des amis chez qui je n'étais jamais allé auparavant. Après un accueil chaleureux, je pénétrai dans le salon où je faillis me heurter à un immense piano Steinway. Il était là, remplissant presque la pièce à lui seul, noir, brillant, puissant et parfaitement incongru. Après avoir slalomé autour de l'imposant instrument, nous nous assîmes sur des fauteuils alignés contre le mur pour bavarder. Il me fallut plus d'une demi-heure pour oser enfin poser la question qui me brûlait les lèvres. Je ne savais pas que mes amis étaient si mélomanes et je demandai naïvement qui donc, dans la maison, faisait de la musique. Ma question parut les embarrasser. En réalité, aucun ne pratiquait le piano et ils n'avaient même jamais posé les mains sur le clavier. L'instrument ne servait qu'à exposer des photographies de famille dans des cadres argentés.

Se servir à cette seule fin d'un instrument de plus de quatre cent mille francs peut paraître extravagant. Mais ne négligeons pas la signification de cette exposition de photos. La plupart d'entre nous se réservent un endroit où ranger des objets particulièrement chers et qui méritent une considération spéciale. Il peut s'agir d'un dessus de cheminée où exposer des trophées, d'un mur couvert de portraits de famille, d'un petit autel dédié à la Nature ou aux êtres aimés absents ou perdus. Il n'est d'ailleurs pas nécessaire que ces lieux de recueillement se trouvent dans la maison même. Il peut s'agir d'un portefeuille dans lequel nous avons glissé une photographie ou une mèche de cheveux, ou encore du pare-soleil de la voiture.

Les bouddhistes installent une grande variété d'autels dans leurs temples et leurs centres. Certains sont très élaborés, d'autres se réduisent à un simple plan d'herbe. Certaines statues du Bouddha étaient si grandes et si coûteuses qu'elles ont failli entraîner la faillite des pays qui les avaient fabriquées. Mais l'on trouve également de petits autels dans des chambres d'étudiants où certaines divinités bouddhiques côtoient Mickey Mouse en un mélange hardi de religieux et de profane. Je dois signaler à ceux qui ne sont pas familiarisés avec le bouddhisme que s'incliner devant ces autels ou ces personnages sculptés ne relève pas de l'adoration d'idoles. Ceux qui pratiquent le zen sont parfaitement conscients que ces objets sont de simples amalgames de métal, de bois, de pierre ou de plastique. Néanmoins, à l'instar des photographies, ils nous rappellent ce qui nous est cher. Ils représentent une sorte d'extension des qualités que nous aimerions développer en nousmêmes. Lorsque nous nous inclinons devant eux ou restons un instant silencieux, nous offrons les mêmes marques de respect qu'envers un ami disparu depuis longtemps.

Cinq cents ans après la mort du Bouddha, on le représentait encore sous la forme d'une empreinte de pas, celle de l'arbre Bodhi sous lequel il s'asseyait pour méditer, ou encore par la figure de la roue sacrée. Aujourd'hui, on trouve des temples bouddhiques remplis de toutes sortes d'images riches et évocatrices : diverses représentations du Bouddha lui-même, quantité de bodhisattvas (un bodhisattva est un être éclairé qui enseigne et aide les autres) tels que Jizo et Senju Kannon (le Kannon aux mille bras). Il y a des *unchu kuyo boasatsu* (des bodhisattvas sur des nuages), des *hibutsu* (bouddhas cachés derrière des portes, etc.) et un grand nombre de dieux et de figures tutélaires pour toutes les occasions : Fijin (dieu du Vent), Raijin (dieu du Tonnerre), Katochu Seikun (dieu du Feu) et Fudo Myoo (la divinité suprême des doctrines ésotériques qui a apporté sa forme furieuse sur Terre pour enseigner tous les êtres conscients, entêtés et bornés). Chacune d'elles possède son histoire propre, son but personnel et ses qualités. Les mythologies qui les accompagnent ont toujours constitué une part importante du bouddhisme. Les temples zen se sont emparés de ces ensembles de peintures et de sculptures et les ont adapté(e)s à leur propre style, si célèbre, fait de lignes sobres et pures. Les salles de méditation zen ne renferment qu'une ou deux images dont le thème est toujours : « rien de trop ».

Si vous décidez de réserver chez vous un coin spécifique à la réflexion, choisissez un lieu confortable, à l'écart des allées et venues. La méditation n'a que faire d'un piano à queue, de colonnes de marbre ou de l'évocation exotique d'un temple tibétain. Une petite boîte en bois, une pierre plate, une simple étagère sur le mur feront parfaitement l'affaire. Vous pourrez y exposer des photos ou tout ce qui vous tient particulièrement à cœur – par exemple, la lettre d'un ami. Ces objets peuvent être changés lorsque vous le désirez. Si vous voulez absolument installer un autel bouddhique, appliquez-vous à rester simple. Mettez-le là où vous avez l'habitude de méditer ou dans un espace où vous vous sentez bien. Vous y placerez des objets que vous souhaitez voir plus commodément.

Par tradition, un autel bouddhique personnel comprend une statue du Bouddha ou de Kannon (qui représente la compassion car il entend le bruit des souffrances de ce monde). On peut également se contenter d'une pierre, d'une pomme de pin, d'une carte sur laquelle s'inscrit le nom d'un ami. Juste devant cet objet ou ce personnage central, les bouddhistes placent généralement une assiette ou un bol destinés à recueillir l'encens ; à la gauche du personnage, une bougie ; à sa droite, des fleurs, des noix et des offrandes de nourriture. Mais, chez soi, il est préférable d'opter pour un agencement moins formel. Vous êtes libre de choisir la simplicité ou la sophistication mais il vaut mieux rester modeste : votre attention n'en sera que moins distraite. Ce lieu vous permettra de vous retirer dans la solitude lorsque vous en ressentirez le besoin, de vous y concentrer et de trouver la paix. Il n'est pas nécessaire de chercher à éblouir vos amis ni de profiter de l'occasion pour vous acheter une statue hors de prix de Bouddha. Les maîtres bouddhistes aiment à raconter l'histoire de ce moine zen qui, tremblant de froid dans sa maison, retira la statue de Bouddha qui ornait son autel et s'en servit pour faire du feu.

Lorsque l'on consacre ainsi un endroit à la méditation, il n'en devient pas pour autant différent des autres. C'est *vous* qui le distinguez et lui réservez une place à part. Si vous demeurez profondément conscient(e) du lieu où vous vous trouvez – quel que soit celui-ci –, alors une cathédrale, un restaurant à la mode, un placard se révéleront à vos yeux d'une égale importance.

12

S'asseoir au milieu des choses

Aujourd'hui, nombre d'entre nous ont pris l'habitude de s'asseoir en toute sérénité au milieu des allées et venues et de la bousculade. Cela peut prendre la forme d'une méditation zen ou constituer une courte pause au cœur des activités qui tissent notre vie quotidienne. Arrêter tout pendant un instant et s'asseoir tranquillement est bien plus complexe qu'on ne pourrait le penser de prime abord. Car il existe toujours quelque chose qui attire l'attention : un problème auquel il faut trouver rapidement une solution, une tâche qui semble diablement plus intéressante que de rester paisiblement assis. Lorsque nous essayons de rester assis sans bouger, l'envie presque irrépressible de se tortiller et de s'agiter surgit avec évidence. Notre corps et notre esprit semblent s'ignorer l'un l'autre, devenir incompatibles et distiller une incontrôlable mauvaise humeur.

Il faut de l'entraînement et un certain degré d'autodiscipline mais vous y parviendrez et finirez par désirer ces moments de tranquillité où vous pouvez être vous-même. Si vous restez calme et laissez les choses autour de vous suivre leur cours, le spectacle qui vous entoure commencera à se modifier et vous le considérerez d'un œil différent. On pourrait comparer cette situation à une image télévisée fragmentée durant la transmission avant d'être rassemblée pour atteindre son destinataire.

Cette nouvelle activité contient une grande sagesse qui remonte à des millénaires. D'autres espèces l'ont pratiquée lors des repas, de la construction d'un nid ou de l'exploration d'un nouveau territoire. Toutes les grandes religions et les plus importants mouvements spirituels ont souligné la valeur de cette bouffée d'air pur, la nécessité de cet acte simple, de cette pause méditative, de ce bref répit que nous nous accordons malgré les difficultés de tous les jours.

Que vous vous asseyiez dans le cadre formel de l'esthétique et du rituel zen ou que vous passiez quelques minutes devant la table de votre cuisine, l'important est de le faire en toute conscience. Cela ne signifie pas que vous deviez avoir un but ou un objectif en tête, mais juste que vous prêtiez attention à la manière dont vous êtes assis(e), à votre posture et à ce qui se passe autour de vous.

Si vous souhaitez vous asseoir de manière formelle dans la tradition du bouddhisme zen, je vous recommande de vous adresser à un maître ou à un groupe de votre région – ce qui permettra aux débutants de suivre une formation adaptée. Vous en tirerez un immense bénéfice qu'aucun livre ne pourrait vous offrir. Pourtant, beaucoup d'entre nous ont choisi de le faire seuls, particulièrement à l'époque où il n'existait guère d'alternative. Vous pouvez également apprendre les attitudes de base et les postures dans un excellent livre d'introduction au zen, celui de Suzuki Roshi : *Esprit zen, Esprit du débutant,* ou dans l'ouvrage de Katagiri Roshi : *Vous devez dire quelque chose*, au chapitre intitulé « L'art du *zazen* ».

Inutile de subir une formation compliquée si vous désirez seulement rester assis(e) quelques instants, à rassembler vos esprits ou à faire une pause pendant la lessive ou au volant de votre voiture. Tout moment et tout lieu font l'affaire. Offrez-vous juste un peu de répit, redressez votre dos, détendez vos épaules et respirez normalement. Rien d'autre n'a d'importance. Lorsque vous disposez d'un peu plus de temps, vous pouvez donner à cet acte un cadre plus formel. Vous pouvez ainsi consacrer un court instant de la journée à l'acte de vous asseoir (le matin et le soir sont les meilleurs moments). Vous pouvez aussi allumer une bougie ou brûler de l'encens. Obligez-vous à rester assis(e) aussi longtemps que vous vous sentez bien, en sachant que peu à peu vous découvrirez vos propres limites. Au début, vous ne parviendrez pas à empêcher votre esprit de vagabonder, de faire acte de mémoire et de rêver éveillé. Restez néanmoins assis(e), même si ce n'est qu'une minute le matin. Lorsque des pensées vous viennent, acceptez-les avant de les laisser repartir. Ne faites aucun effort pour contrôler ou inhiber votre mental. Laissez le chaos se calmer de lui-même et vous serez alors surpris(e) de constater que les choses finiront par se mettre en place toutes seules. Aussi naturellement que la pluie ou la neige, les pensées qui vous troublaient vont refluer et s'éloigner... au moins provisoirement.

La méditation assise n'a pas de fin. N'en attendez pas des miracles – même minuscules. Considérez cette tentative comme un nouvel exercice, une entreprise qui combine le mental et le physique, une manière de relier différemment votre esprit et votre corps. Cette pratique a été profitable à nombre de personnes, mais n'ayez aucune idée préconçue quant à son résultat. N'attendez pas d'elle de devenir sur-le-champ serein(e) et insouciant, ou de vous transformer subitement en une incarnation de la sagesse. Laissez-vous aller à la surprise et profitez du spectacle changeant qui se déroule devant vous. Essayez de vous ouvrir à toutes les sensations. Soyez aux aguets. Restez disponible pour le changement. Et laissez ces expériences vous guider sur la route de la vie.

DEUXIÈME PARTIE

La cuisine : le cru et le cuit

Sans raison,
un parfum d'écorces de citron
imprègne l'air.

L'art et la simplicité de la cuisine

Il semble bien que nous passions notre vie entière à cuisiner et à être cuisinés, à agir sur les choses et à être transformés. Les ingrédients de nos existences viennent à nous quotidiennement et, par nos actes et notre pensée, nous déterminons comment il convient de les utiliser. Chaque jour offre la possibilité de se muer en riche banquet ou en collation prise sur le pouce. Tout dépend de ce que nous posons sur la table.

Le prêtre et auteur de livres de cuisine Edward Espe Brown affirme qu'il existe en gros deux manières de cuisiner (et de vivre sa vie). Vous pouvez choisir une recette avant d'aller chercher tous les ingrédients dont vous avez besoin pour obtenir le résultat désiré, ou bien prendre ce que vous avez sous la main et faire usage de votre créativité pour produire quelque chose de merveilleux grâce à la sincérité, la spontanéité et l'invention. En d'autres termes, vous adonner à votre activité en « écoutant » les ingrédients et en suivant leur nature.

Il y a une dimension artistique et inventive dans l'acte de transformer des produits achetés chez l'épicier en nourriture. Pourtant, il arrive que quelque chose interfère avec ce processus. De nombreuses préparations masquent les qualités naturelles des ingrédients et leur font perdre leur arôme. Chaque produit possède son goût propre, mais celui-ci peut se retrouver écrasé par d'autres. Il en va de même pour nous.

Le rôle le plus important confié aux étudiants zen est celui de *tenzo,* c'est-à-dire de cuisinier en chef. Ce poste exige qu'on s'y consacre pleinement et requiert un grand sens des responsabilités. Le soin et la sincérité qu'on y apporte exercent d'importants effets sur le reste de la communauté. À ce sujet, Dogen a conçu des règles tout à fait particulières et ses *Instructions au tenzo* ont été largement traduites et distribuées aux étudiants. Ces réflexions s'appliquent en réalité tout aussi bien aux autres activités de la vie quotidienne. Grâce à sa vision des choses, nous comprenons mieux le lien qui existe entre « cuisiner » et « être cuisiné ».

Que vous cuisiniez pour vous-même ou pour autrui, il ne s'agit de rien d'autre que de partager votre vie. C'est l'occasion d'offrir au monde une part de vous-même. Que vous prépariez un sandwich ou une salade, ou que vous passiez des heures à confectionner des préparations plus sophistiquées, vous faites l'expérience de la joie de donner. Même lorsque vous êtes seul(e), l'arôme d'une bonne soupe apporte réconfort et nourriture. Comme le disait le poète Santoka (1882-1940), « la chaleur de la nourriture passe d'une main à l'autre ». La moindre miette de pain, le plus minuscule grain de poivre ou haricot s'offrent à nous et, par là, à tous les êtres vivants. Ce sont eux qui nous maintiennent en vie.

On est toujours surpris de constater le détachement de nombre d'entre nous à l'égard de la nourriture. Comme si nous avions besoin de distraire notre attention même lorsque nous sommes à table. Nous nous perdons dans la musique et la conversation. Lorsque nous sommes seuls au restaurant, nous préférons manger en compagnie d'un livre ou d'un journal, et nous évitons de regarder les gens qui nous entourent. Quant aux plats que nous consommons, nous les préférons anonymes et tout préparés, sans la moindre référence à leur origine mais attirants. En dehors de ces considérations, nous n'entretenons aucune relation avec eux. Nous nous impliquons bien peu dans ce qui représente, pourtant, l'un des moments les plus intimes de la vie.

Cuisiner nous donne l'occasion d'aller à la rencontre de ce que nous mangeons. Nous pouvons toucher carottes ou olives pour en respirer l'arôme et en sentir la texture. Nous pouvons aussi en évaluer le poids, observer leur couleur et leur forme. Puisque les aliments vont bientôt devenir une part de nous-mêmes, ils méritent un peu d'attention, de respect et de gratitude de notre part. Ces denrées ont besoin de temps et de soin pour pousser. Et il faut beaucoup de travail pour les amener jusque sur votre table.

Le poète zen Ryokan (1758-1831) passa une grande partie de son existence à s'adonner à la pratique de l'aumône, connue sous le terme de *takuhatsu*. Un bol de riz vide à la main, il se présentait à la porte de ses voisins. Il recevait ainsi sa nourriture de la communauté et s'offrait lui-même en retour. Un jour où il retournait à sa cabane, il écrivit : «*Dans ce bol, il y a le riz de milliers de foyers.*» Lorsque vous préparez de la soupe de légumes, vous préparez la soupe de «milliers de foyers». Vous êtes en communion avec les agriculteurs qui ont fait pousser ces légumes et avec les travailleurs qui ont construit les routes pour les acheminer. Vous êtes aussi en compagnie de ceux qui ont produit les ustensiles de cuisine et fabriqué la cuisinière. La liste est infinie. Le repas ne fera pas que vous nourrir, vous et vos amis, mais aussi tous ceux qu'il vous reste encore à rencontrer. Comme le disait Suzuki Roshi : « L'acte de préparer de la nourriture ne concerne pas notre seule personne, il nous relie au monde entier ! »

2

De l'art de servir à table et de se restaurer

Une récente étude a révélé que, lorsqu'elles reçoivent des invités à dîner, de nombreuses personnes subissent un stress aussi élevé que lorsqu'elles rédigent leur déclaration d'impôts ! Selon cette étude, cette anxiété serait liée à la crainte d'être jugé par autrui. Cette angoisse est spécifiquement humaine et ne se rencontre pas chez la plupart des êtres vivants. En réalité, nous avons souvent peur pour notre ego. Les attaques qu'il subit nous font perdre quantité de temps et d'argent à essayer de nous défendre contre nos propres projections. Nous nous efforçons de modifier notre apparence en vue d'impressionner les autres. Parfois même, certains redoutent qu'on leur rende visite à leur domicile de peur de ce que cela pourrait révéler.

Un étudiant demanda un jour au maître zen Joshu : « Quelles actions un moine zen doit-il accomplir ? » Joshu lui répondit : « Détache-toi des actions. » Par ces paroles, le maître n'invitait pas son élève à rester passif, il ne lui recommandait pas non plus de ne plus se soucier de la manière dont les actes doivent être menés. Il lui conseillait simplement d'aller de l'avant, sans rechercher le mérite ni distinguer entre les bonnes et les mauvaises actions. Il lui conseillait de ne pas s'inquiéter du résultat. Lorsque nous faisons toujours de notre mieux, c'est déjà bien et nous ne pouvons guère faire davantage.

Offrir un repas est l'un des dons les plus profonds et les plus intimes que l'on puisse faire aux autres. Nous partageons alors notre nourriture, notre vie, notre temps et notre expérience avec autrui. Cette générosité va bien au-delà des louanges et du mérite. Elle forme un tout car elle est sa propre récompense.

Dans nombre de temples et de centres zen, avant de passer à table, on offre de la nourriture à tous les bouddhas, aux esprits affamés, aux animaux et aux êtres qui appartiennent à d'autres mondes. Ces petits cadeaux connus sous le nom de *saba* – c'est-à-dire « offrandes aux esprits » – sont effectués avec la plus grande sincérité, sans en attendre de reconnaissance. On les dépose avec soin, comme on le ferait d'un plat devant des invités. Un vieux *senryu* (forme poétique liée au *haïku*) affirme même : *« Le prêtre chargé de l'argent est encore plus attentif à la nourriture servie aux bouddhas. »*

Malheureusement, hors des murs du temple, nous nous retrouvons dans le royaume du fast-food. Nous avalons notre nourriture tout en lorgnant les photographies en couleurs d'autres plats disponibles, nous mangeons un mets tout en en désirant un autre. La nourriture moderne se résume trop souvent aux attraits de son conditionnement. Voilà un merveilleux exemple de ce qu'il conviendrait de changer ! Comme il arrive souvent, obtenir une chose tout en en désirant une autre, c'est perdre généralement les deux. Une fois encore, nous perdons le contact avec l'acte même de manger. À la maison, nous mangeons en regardant la télévision. Sans cesse, nous cherchons à nous distraire de cet acte qui contribue à nous maintenir en vie.

Dans la pratique du zen, il existe une manière formelle de prendre ses repas, connue sous le nom d'*oryoki*. L'acte de se nourrir y est réduit à sa plus simple expression. Tout ce dont on a besoin alors tient dans un paquetage qui se suffit à lui-même : des petits bols s'emboîtant les uns dans les autres, quelques ustensiles et des morceaux de tissu. Les formes ritualisées de l'acceptation de la nourriture, de l'acte de manger et de faire la vaisselle nous ont été transmises par les maîtres depuis des siècles. La simplicité des mouvements permet aux disciples de porter toute leur attention sur le partage du repas – ce qui exige une certaine concentration. Rien ne doit interférer entre la nourriture et l'acte de se nourrir. Les élèves expriment leur gratitude envers tous ceux qui ont fait pousser les ingrédients, ceux qui ont transporté et préparé le repas à leur intention, ainsi que ceux qui l'ont servi. La grande majorité de ces intervenants sont des gens qu'ils ne connaîtront jamais : ceux qui ont planté les graines, fabriqué les conduites d'eau, etc. Les aliments eux-mêmes ont poussé et prospéré de génération en génération. À ce propos, il existe un poème bouddhiste qu'on trouve souvent affiché dans les salles à manger :

> *D'innombrables travailleurs nous ont apporté cette nourriture.*
> *Rappelons-nous comment elle est arrivée jusqu'ici.*
> *Demandons-nous comment accepter cette offrande.*
> *Notre vertu et nos actes nous le permettent-ils ?*

Puisque nous voulons suivre l'ordre naturel de l'esprit,
Libérons-nous de toute envie, de toute haine et de toute
illusion.
Car nous mangeons pour rester en vie et pratiquer
La voie du Bouddha.

Pourquoi ne pas essayer d'introduire ce genre de pratique dans votre vie quotidienne ? Vérifiez si vous êtes capable de faire vôtre le siège du restaurant. Réfléchissez aux efforts qui ont été nécessaires à la préparation de votre repas et pensez à tout ce qui l'a rendue possible. Mettez de côté une petite tranche de tomate ou un morceau de pain que vous offrirez aux bouddhas ou à vos parents, ou même à ceux qui ont faim. De cette manière, vous commencerez à partager votre repas et votre compassion avec autrui.

Servir avec sincérité de la nourriture à vos invités ou à vous-même est, en soi, un acte total et généreux. Tâchez de ne pas vous préoccuper du jugement des autres. À moins que vous ne soyez cuisinier de profession, vos invités sont vos amis et non des critiques gastronomiques. Comme le disait Dogen : « Donner aux autres quelque chose de vous-même est un don d'une valeur inestimable. Vous devriez le faire même lorsque personne ne vous regarde. »

3

Tout ce qu'il faut savoir
sur les marmites et les casseroles

Enfant, je savais déjà tout ce qu'il faut savoir sur la vaisselle. Je considérais cette tâche humiliante comme une punition – désagréable, ennuyeuse et terriblement injuste –, tant j'étais contrarié d'avoir été désigné pour la faire. Je ne cessais de me répéter que les véritables héros n'auraient jamais à affronter ce genre de supplice. Les mains dans l'eau savonneuse, j'enviais les enfants riches des classes privilégiées qui – j'en étais persuadé – jetaient les assiettes sales le soir et en rachetaient des nouvelles le lendemain matin. Je passais des heures à tenter de convaincre ma mère que notre famille serait en meilleure santé si nous ne mangions que des sandwichs. Au moins, ils ne saliraient pas les assiettes !

J'en vins néanmoins à changer progressivement d'opinion. Tout en continuant à manifester mon manque d'enthousiasme, je finis par accepter l'idée que laver les assiettes était chose nécessaire. Et, plus récemment, j'en suis même venu à prendre plaisir à cette activité apaisante et bénéfique. Rien de plus simple, de plus franc, de plus satisfaisant que de s'y adonner pleinement. Que nous nous occupions d'une personne, de faire du café ou de lire la partition d'une sonate pour piano, apprenons à y mettre tout notre cœur. Si l'on ne s'investit pas à fond, s'il subsiste dans notre esprit quelque ressentiment, notre attitude risque de nous trahir et de nous faire tomber dans notre propre piège. Un effort accompli à contrecœur ne procure aucune joie.

Peu de choses en ce monde sont moins mystérieuses que la pratique du zen. Inutile de pratiquer la méditation en nettoyant la vaisselle du petit déjeuner ! Il suffit de plonger les mains dans l'eau. Pas besoin d'étudier la façon dont l'air et l'eau se mêlent, la valeur relative de la transformation de l'énergie, le vide des tasses et des soucoupes, ou les qualités étonnamment adhésives de la marmelade. La simplicité de la situation est parfaitement définie par l'anecdote suivante...

Un maître zen demande à son élève :

— As-tu fini ton riz ?

— Oui.

— Alors, va laver ton bol.

Comme toujours, il est bon d'être en harmonie avec ce que l'on fait. Il est si facile de laisser son esprit s'égarer, de réfléchir aux événements de notre vie ! Mais, pour atteindre le fond du mystère de la pratique du zen, il suffit, pour l'instant, de laver les assiettes. C'est tout. Concentrez-vous sur votre tâche. Sentez la chaleur de l'eau. Observez les reflets de la lumière à la surface des objets. Touchez de vos doigts la lame du couteau, le plat de la spatule, l'arrondi de la casserole. Ne pensez à rien. Les pensées ne font que vous distraire de ce que vous faites. Lavez les assiettes. Appréciez ce que vous tenez entre vos mains. Ressentez l'énergie authentique de votre corps lorsqu'il s'adonne à cette activité.

Il ne s'agit pas ici de zen *rinzai* ou de zen *soto* mais de zen « assiettes et casseroles ». Rien ne saurait être plus naturel. « Le bruit d'une femme nettoyant la marmite s'harmonise avec celui de la grenouille », dit le poète Ryokan. Tout en vaquant ainsi à cette activité domestique, vous participez à une immense activité universelle. Que vous rinciez une simple tasse ou que vous vous attaquiez à une pile de casseroles, de couvercles et de plats, faites de cette apparente corvée un moment agréable.

Prêtez attention aux différents matériaux dont les plats et les ustensiles sont composés : le poêlon en métal, les saladiers en bois, les manches en plastique, les spatules de caoutchouc, les verres, l'argenterie, l'acier inoxydable. Concentrez-vous sur la vaisselle, le rinçage et le séchage de la moindre petite cuillère. Vous commencerez alors à développer votre propre style et vous posséderez votre manière à vous de tenir les choses en main, de les manipuler et de les ranger.

Pour ceux d'entre vous qui possèdent un lave-vaisselle, pourquoi ne pas lui accorder des « vacances » de temps en temps afin de mieux connaître vos assiettes en les lavant vous-même ? C'est une telle occasion d'apprendre quelque chose ! Saisissez la chance de prendre soin de tous ces objets du quotidien et de ranger, en bon état, les cuillères et les assiettes fraîchement lavées dans les tiroirs et les placards. Occupez-vous également de l'évier et du plan de travail, faites couler de l'eau pour nettoyer le tuyau d'évacuation et laissez éponges et serviettes sécher à l'air libre. En nettoyant ainsi une simple cuillère, en lui prêtant toute votre attention, vous manifestez votre intérêt pour l'Univers tout entier.

Grâce au soin que vous apportez à ce travail, vous nourrissez le respect que l'on doit témoigner à sa propre existence et la considération envers toutes les petites choses qui nous permettent de poursuivre notre route. En lavant votre bol, vous lavez tout. Si vous vous adonnez pleinement à cette seule activité, il n'y a rien, nulle part, qui ne soit également lavé. Désormais, vous pourrez connaître les joies authentiques de la vaisselle, joies qui jusqu'ici vous avaient échappé. Vous allez même pouvoir observer le reflet de votre sourire dans le fond d'une assiette éclatante de propreté.

4

Accueillir l'importun, gérer l'impromptu

Un matin, après avoir mis le café en route, j'appuyai sur le bouton de la radio de la cuisine pour écouter la météo. La pendule affichait cinq heures trente et mes paupières étaient à peine entrouvertes. Mes yeux parvinrent néanmoins à entrapercevoir une colonne de petites fourmis sortant d'une plinthe pour se promener le long du fil électrique avant de pénétrer en masse dans l'appareil par un petit trou décoratif opportunément situé sur le devant. Ces fourmis étaient parmi les plus petites que j'aie jamais vues. Elles transportaient des œufs et des particules encore plus minuscules.

Je me suis rappelé parfaitement, étant enfant, avoir essayé à deux reprises d'élever une colonie de fourmis achetées au magasin. Les deux fois, mes entreprises avaient été contrariées par des guerres menées sur le gazon, des grèves de la faim et un effondrement de la communauté animale. Les choses ne s'étaient pas bien passées. Et voilà que, dix ans plus tard, je me retrouvais face à une horde de fourmis qui décidaient de s'installer dans un appareil dont la fonction était de diffuser des nouvelles, des publicités et les *Concertos brandebourgeois*.

Les événements ont parfois une manière toute particulière de venir à nous. Ils semblent choisir les voies les plus diverses pour s'infiltrer dans nos existences et nous avons du mal à comprendre leur raison d'être. Qu'il s'agisse d'une souris, d'insectes ou, dans un autre ordre d'idées, d'une simple visite, il arrive que nous nous retrouvions face à un visiteur inattendu et importun. Affronter ces surprises nous permet de découvrir de nouvelles facettes de notre personnalité et de vérifier notre évolution.

Après la découverte de cette importante colonie de fourmis qui semblaient avoir élu domicile dans mon poste de radio, j'étudiai calmement la situation et les possibilités qui s'offraient à moi. Je pouvais : 1° mettre le transistor sur le perron ; 2° mener une attaque agressive contre la petite communauté à l'aide d'un spray ; 3° entamer une étude scientifique ; 4° faire comme si de rien n'était et attendre que les choses s'arrangent d'elles-mêmes. En réalité, j'avais bien du mal à prendre une décision. Ma curiosité naturelle finit par l'emporter sur la colère qui m'avait d'abord saisi devant cette invasion. Je savais parfaitement que, sans grand effort, je réglerais le problème en les exterminant. Exercer un contrôle sur leur comportement était hors de question mais, puisqu'elles ne posaient pas un réel problème sanitaire, je choisis la troisième option. Je décidai de les observer, d'apprendre pourquoi elles étaient venues dans la cuisine et même de découvrir quelle était leur musique favorite. Après tout, c'était l'occasion rêvée de réaliser mon désir d'enfance.

C'est ainsi que, pendant deux mois, je fis, sans grande méthode, une enquête sur leurs allées et venues. Je m'assurai qu'elles ne faisaient pas de nouvelles incursions dans d'autres coins de la cuisine et, dès que je disposais d'un peu de temps, j'essayai de capter différentes stations de radio en jouant sur le volume. Rien ne paraissait modifier leur comportement. Elles ne semblaient pas se plaindre et ne changeaient rien à leur manière de vivre. Avec le temps, je constatai qu'elles étaient moins agitées et je finis par leur prêter de moins en moins d'attention, jusqu'au jour où je m'aperçus qu'elles avaient disparu.

Peut-être leur reine était-elle morte ou s'étaient-elles lassées de cet environnement ; je ne le sus jamais. Mais je ressentis une chose parfaitement inattendue – un sentiment de perte. Leur compagnie et leur indépendance me manquaient. Rien de ce qui se passait dans la cuisine ne semblait avoir d'effet sur ces petites bêtes. Elles travaillaient dur et faisaient de leur mieux.

Je suis persuadé que ces fourmis n'avaient aucune intention de s'installer dans ma radio dans le seul but de m'enseigner la nature transitoire de l'existence. Ce fut pourtant ce qui arriva. Ma radio n'était plus comme avant, même si elle n'avait souffert en aucune façon de la présence des fourmis. Elle me faisait penser à un appareil échoué sur une plage, une relique abandonnée qui avait jadis contenu des êtres vivants et n'était plus qu'une coquille vide.

En racontant cette histoire, je ne cherche pas à dire qu'il convient d'accueillir chez soi à bras ouverts tous les insectes et toutes les vermines. Nous devons protéger notre santé et celle de notre famille. Le maître zen Robert Aitken, qui réside dans la « grande île » d'Hawaï, a souvent évoqué le supplice que représente la présence de cafards chez soi. Après des dizaines d'années de lutte, il a décidé de les tuer

– avec toute la compassion bouddhiste – en leur souhaitant « meilleure chance pour la prochaine fois ».

Nous avons tous tendance à réagir rapidement devant quelque chose de déplaisant. Non seulement nous détruisons les nuisibles qui envahissent notre maison, mais nous jetons nos ordures à tous vents sans même réfléchir. Ce premier mouvement n'est pourtant pas toujours la seule possibilité qui s'offre à nous. Le zen nous enseigne que, dans notre vie, rien n'est à jeter. Il n'existe aucun recoin où nous puissions cantonner les nuisibles, les ordures et les expériences fâcheuses. Nous devons gérer ces problèmes au lieu de prétendre qu'ils n'existent pas. À New York, sur la rive ouest de Staten Island, se dresse un monument à la mémoire du désir de jeter les choses. Il s'agit d'une montagne connue sous le nom de « Fresh Kills », haute de près de deux cents mètres, et qui s'étend sur plus de mille hectares. On peut l'observer à l'œil nu depuis les airs. Il en existe de semblables dans le monde entier mais de moindre importance. Si tous les phénomènes apparaissent et disparaissent sans fin, il faudra des siècles pour éroder des montagnes aussi gigantesques.

Dans le passé, les gens possédaient moins de choses qu'aujourd'hui et ils en prenaient davantage soin. L'idée de posséder des biens jetables n'existe que depuis le début du

XXe siècle. Les causes de ce changement sont en grande partie dues au marketing. Des hommes tels que K.C. Gillette ont découvert qu'il était plus avantageux de vendre à leurs clients des produits « jetables » – par exemple, des rasoirs – que de leur proposer des articles durables. Aujourd'hui, il existe des assiettes jetables, des couches, des appareils photo et quantité d'autres objets qu'on n'envisage plus de garder. Nous les utilisons une fois avant de les oublier. Nous ne savons pas d'où ils viennent et nous nous moquons pas mal de savoir où ils iront.

Eh bien, ils finissent tous sur la montagne.

Si nous nous montrons, aujourd'hui, encore trop indifférents au problème des ordures, c'est qu'on nous a appris à consommer et à jeter plutôt qu'à prendre soin de ce que nous possédons déjà. Une attitude qui peut d'ailleurs s'étendre à nos relations avec autrui, nos idées sur l'environnement ou l'image que nous avons de nous-mêmes. Si une chose devient ennuyeuse ou trop difficile, nous avons tendance à la rejeter, à prétendre qu'elle n'a jamais existé, à nous tourner vers une autre, plus excitante. Il nous est plus facile de nous débarrasser des difficultés que d'en tirer un enseignement. Alors, tels des objets jetables, nous les empilons sur la montagne.

Lorsque je repense à cette matinée où je découvris les fourmis dans ma cuisine, je me rappelle avoir d'abord songé à les tuer. Si elles avaient été plus nombreuses ou si elles s'étaient approchées de la nourriture, je l'aurais fait. Mais je me réjouis à présent de ne pas avoir suivi mon premier mouvement. Je suis heureux d'avoir profité de cette occasion pour les observer. Dans une faible mesure, cette réaction m'a octroyé une chance. Il est parfois sage de laisser les choses arriver toutes seules. Avant d'intervenir, il convient de réfléchir aux conséquences de ses actes sur soi-même et sur autrui.

Une fourmi est ridiculement petite comparée à une montagne mais, lorsque nous en tuons une sans réfléchir, nous jetons par-dessus bord une petite partie de nous-mêmes. Nous ajoutons quelque chose à une montagne déjà immense.

5

La maison de l'infini hiver et de l'éternel été

L e réfrigérateur ressemble un peu à l'idée que les gens se font du parfait élève zen. Il est calme, silencieux et possède toujours sa lumière intérieure.

C'est un objet assez noble et qui ne manque pas de mérites. Il nous impose sa formidable présence. Toujours là, il dure des années et on peut généralement compter sur lui. Même si nous le recouvrons d'aimants et de mémos, si nous claquons sa porte d'un coup de pied négligent, il nous permet de profiter d'une nourriture saine qui, sans lui, serait avariée. Lorsque nous avons faim, nous allons jeter un coup d'œil dans le réfrigérateur. Le reste de la journée, nous n'y pensons guère. Comme pour beaucoup de choses, sa présence nous paraît aller de soi.

Dogen a affirmé un jour : « Les activités domestiques traversent toutes les saisons. » Les saisons de l'année mettent en valeur les lieux que nous habitons en les modifiant selon un cycle régulier. Mais il existe aussi un endroit de la maison où règne un perpétuel hiver. Car le réfrigérateur a une autre qualité fascinante : il se sert de la chaleur pour produire du froid. Voilà comment les textes bouddhistes sur la non-dualité affrontent cette apparente contradiction. Il n'y a pas de lumière sans obscurité, pas de froid sans chaleur. La maison a autant besoin des uns que des autres. Et le froid demeure la meilleure manière de préserver la nourriture.

Malgré tous les services qu'il nous rend, le réfrigérateur ne nécessite pas beaucoup d'entretien. Il suffit de laver de temps en temps sa poignée et d'essuyer l'extérieur à l'aide d'un chiffon mouillé. À intervalles réguliers, il faut aussi enlever les produits périmés et nettoyer le serpentin et les parois intérieures.

Tout au long de l'histoire du zen, des textes ont évoqué les différences entre la glace et l'eau – bien que toutes deux soient de même origine –, ou ont tenté de découvrir un lieu où ne régneraient ni le froid ni le chaud. Il existe de nombreux récits de moines *zazen* assis sous une pluie battante et sous la neige devant leur cabane ou le temple. La sensation de calme que l'on éprouve parfois au cours de la méditation a souvent été comparée à une chute de neige. Le poète Shinkei (1406-1475) considérait qu'il n'y avait rien de plus beau au monde que la glace. Socho, un autre poète (xve-xvie siècles), a comparé les qualités illuminatrices de la neige à celles d'un clair de lune glacé.

Si le réfrigérateur est le lieu d'un éternel hiver, la cuisinière est certainement la source d'un été sans fin. Offrant chaleur et bien-être, elle est le lieu où s'opèrent toutes les transformations. C'est là que les matières premières comme la levure et la farine, les fruits et le miel se muent en quelque chose de complètement différent. Nous sommes toujours impatients de voir ce qui va sortir du four, et toujours étonnés de constater que cela marche comme nous l'avions espéré. Il y a souvent un aspect mystérieux dans la cuisson. Nous ne faisons pas totalement confiance à nos appareils et pourtant nous continuons à les utiliser sans relâche. Le plus souvent, le résultat nous satisfait. Le four est un merveilleux exemple d'énergie contrôlée et il nous permet de mijoter de bonnes choses. Suzuki Roshi disait que, pour faire du bon pain, il ne faut pas cesser d'en cuire jusqu'à ce que nous *devenions pain* nous-mêmes. Il faut, en quelque sorte, *entrer* dans le four. C'est alors seulement que nous comprenons ce qu'est le pain et ce que nous sommes nous-mêmes.

Il m'est arrivé récemment d'entrer littéralement dans le four, un jour où j'avais décidé de récurer la cuisinière. Je songeai alors que le nettoyage du four est l'activité qui ressemble le plus à l'idée que nous nous faisons du travail en enfer. La seule différence résidait dans le fait que, dans cette situation précise, il est éteint. Je m'agenouillai donc devant le four et découvris, horrifié, une affreuse croûte noircie – tout ce qui restait d'innombrables marmites, tartes aux fruits, sauces diverses ou huile d'olive joyeusement répandue, bref de repas inlassablement chauffés et réchauffés. Ce résidu était sans vie, froid, carbonisé et de mauvais augure. Il semblait vouloir me défier. La tâche qui m'attendait s'annonçait des plus désagréables.

Retenant un soupir, je sortis des vieux journaux, des gants, des couteaux à palette et des grattoirs, de la paille de fer et des vieux chiffons que je disposai sur le sol. C'est alors que je me rappelai Soko, l'un des nombreux dieux des temples japonais, plus particulièrement chargé de la cuisine et de la cuisson. Son rôle consiste à éviter les catastrophes causées par ceux qui grattent et frottent en toute innocence dans son royaume. À cette pensée, je me sentis immédiatement protégé par des forces surnaturelles et commençai à nettoyer les plaques et les côtés avant de m'attaquer aux coins sombres. Tout en grattant les couches de saleté carbonisée, j'essayai d'imaginer la vie sans four. Les hommes ont toujours entretenu des rapports étroits avec le feu, avant même de savoir construire des habitations. Le feu de camp servait de domicile itinérant. On dépendait de lui pour se nourrir, se protéger et se chauffer. Il jouait également un rôle important en tant que compagnon et ami. Lorsque de nouveaux matériaux et de nouvelles technologies furent découverts puis exploités, les gens n'eurent plus besoin d'aller chercher du bois pour cuire leur pain.

Vous êtes peut-être de ceux qui se précipitent pour nettoyer leur four juste après s'en être servis. Ce n'est, hélas ! pas mon cas. Je réserve cette activité aux occasions carillonnées – les années bissextiles, par exemple... Mais, lorsque je le fais, j'essaie de le faire bien.

Il est préférable de consacrer suffisamment de temps au nettoyage de son four et de bien en connaître les surfaces et les mécanismes. Lorsque vous vous attaquez au dessus de la cuisinière, pensez aux cercles parfaits que composent les brûleurs, à la nature passagère de la flamme, à l'évacuation des fumées par la hotte et à la manière dont le temps parvient à changer le chaud en froid. Demandez-vous ce qu'est réellement un four et comment il est arrivé chez vous. Réfléchissez aux liens qui vous unissent à la nature, aux innombrables êtres vivants qui vous entourent, aux minerais issus des tréfonds de la terre qui ont servi à la fabrication du four, à l'électricité ou au gaz qui servent de combustible. Lorsque vous vous retrouvez par terre, entouré(e) de vieux journaux et couvert(e) de suie, vous avez enfin l'occasion d'être en contact avec quelque chose qui a survécu à d'innombrables brûlures, préparé des milliers de repas et connu les plus extrêmes conditions de votre maison. Essuyez les cendres qui maculent votre front, massez doucement vos genoux endoloris et continuez à œuvrer dans l'obscurité du four, semblable aux ténèbres. Réfléchissez ensuite au véritable sens du mot *autonettoyant*.

Si vous êtes novice dans l'art de méditer sur les mystères du chaud et du froid, sachez que cette question traverse toute l'histoire du zen. Certains maîtres décrivent le passé comme cendre, l'avenir comme combustible et le présent comme feu. Mais les grands maîtres, tel Dogen Zenji, n'ont pas tardé à faire remarquer qu'il n'existe pas de séparation entre les trois. Pas plus qu'il n'en existe entre le passé, le présent et l'avenir. Le feu de bois et les cendres ne sont pas séparés. Chacun forme une totalité *hic et nunc*. Takeda Shingen, qui pratiqua le zen au XVIe siècle, comparait la vie humaine à « un flocon de neige sur une cuisinière brûlante ». Et son propre maître, Kwaisen, affirmait que, « si l'on désire méditer en paix, il ne sert à rien de se rendre sur une montagne ou un cours d'eau ». Lorsque nos pensées sont pacifiées, le feu lui-même semble froid et rafraîchissant. Les maîtres zen d'aujourd'hui aiment à comparer leurs élèves au feu de bois, car les plus aguerris viennent en aide à ceux qui sont plus verts en réchauffant leur pratique. Il est, bien entendu, également exact que les nouveaux aident les anciens. Par leurs questions enthousiastes et leur énergie, ils permettent de conserver la pratique vibrante et vivace.

Nous rencontrons toutes sortes de chaleurs différentes au cours de notre existence. Le bois prend feu, le propane prend feu, le charbon prend feu. L'étoile au centre de notre système solaire brûle, ainsi que le centre de la Terre sur laquelle nous vivons. Nos propres corps brûlent des calories pour nous maintenir en vie. Il nous arrive de brûler de l'encens en signe de purification. Après notre mort, nos corps subissent souvent la crémation.

Et, pourtant, sous la multitude de formes que peut prendre le feu, nous trouvons une certaine unité. Il est dit, dans un recueil d'écrits séculaires connu sous le nom de *Zenrin Segoshu,* que les morceaux de bois brisés et carbonisés prennent d'innombrables aspects tandis que la fumée n'en prend jamais qu'un seul. Si l'on souhaite comprendre cette idée d'une « forme unique » et expérimenter « le feu lui-même comme froid et rafraîchissant », il est parfois bénéfique de réfléchir tranquillement au calme qu'il engendre. Vous aussi, vous pouvez en faire l'expérience en nettoyant votre cheminée, en prenant soin des cendres, en dégageant les ventilateurs et les filtres et en contribuant à la préservation de l'énergie.

Il n'est jamais trop tard pour connaître la sérénité. Et il arrive que le feu reprenne, alors même qu'il a été éteint.

TROISIÈME PARTIE

La chambre à coucher,
la salle de bains et les toilettes

Ce matin d'avril,
l'ombre d'un robinet
se dessine.

1

Des nombreuses complexités de l'eau

Toute vie est intimement liée à l'eau, qui est le composant principal du corps humain et occupe la plus grande part de la surface de la Terre. Sans elle, toute vie cesserait. Et pourtant, beaucoup considèrent cette merveilleuse ressource comme allant de soi. Ils ne savent dire que : « Elle est trop chaude ou trop froide. » La plupart d'entre nous ne s'occupent pas personnellement de l'installation et de l'entretien de la plomberie. Il peut nous arriver, une fois de temps en temps, de changer un joint, de resserrer une pièce ou de déboucher les toilettes. Mais, pour l'essentiel, nous ne nous impliquons guère dans les interconnexions mystérieuses qui régissent tout le système d'alimentation et d'évacuation : éviers, lavabos et siphons, tuyaux, trappes, égouts, chauffe-eau, canalisations, réservoirs, fosses septiques, pompes ou encore puisards. Nous devrions pourtant tenter de mieux connaître ce réseau complexe et réfléchir aux relations étroites que nous entretenons avec l'eau.

« Tous les cours d'eau ne viennent que d'une seule source », affirme Dogen. Et la science nous a montré que la quantité d'eau dispersée dans le monde est constante (le volume des eaux de la Terre est évalué à 1,5 milliard de kilomètres cubes). Depuis l'aube des temps, l'eau que nous utilisons chaque jour est périodiquement recyclée, suivant les lois naturelles de l'évaporation, de la filtration, de la condensation. L'air et l'eau sont les deux éléments indispensables de notre vie et, pourtant, nous les considérons comme allant de soi. Heureusement pour nous, d'autres passent leur temps à contrôler leur qualité et leur disponibilité.

Lorsque D.H. Lawrence s'installa dans le Sud-Ouest des États-Unis, il commença à s'intéresser à l'eau, plus qu'il ne l'avait fait de toute sa vie passée. Il passa pas mal de temps à y réfléchir et écrivit un jour : « *La formule de l'eau est H₂O : deux parts d'hydrogène pour une part d'oxygène.*

Mais il existe un troisième élément qui fait que c'est de l'eau, et personne ne sait ce que c'est. »

Les maîtres zen ont souligné depuis des siècles les qualités de l'eau. Les grands temples japonais abritaient en permanence un *suiju,* c'est-à-dire le génie de l'Eau. Tout comme la nourriture, la bonne eau représente un élément crucial de la santé et du bien-être de tous les résidants du temple. *Seikasui* était le nom attribué à l'eau tirée du puits entre deux et quatre heures du matin. Parce qu'on considérait cette eau comme particulièrement pure, on la traitait différemment et on en étudiait attentivement les caractéristiques.

De tout temps, l'eau fut l'objet de toutes les attentions de l'homme mais elle demeure indéfinissable. Nous l'envions pour sa fluidité et sa liberté, son art de contourner les obstacles et de suivre sa pente naturelle. À l'état pur, elle n'a pas de couleur propre. Ne possédant pas non plus de forme innée, elle emprunte celles qui se trouvent autour d'elle – carrée dans un récipient carré, ronde dans un récipient rond. Transformée en cours d'eau, elle peut s'évaporer, s'élever au-dessus d'elle-même et retomber en pluie. Totalement adaptable, elle se transforme en glace, peut même flotter sur elle-même. Dogen nous rappelle qu'elle est aussi le lieu de résidence des poissons et des dragons et que sa liberté ne dépend que d'elle-même. Il nous presse d'accorder une attention particulière aux voies par lesquelles elle s'achemine et à son comportement dans toutes sortes de situations. Au Centre zen de San Francisco, Shunryu Suzuki Roshi ne manquait pas de conseiller à ses élèves de traiter l'eau comme une chose vivante, répétant que « notre vraie nature est d'observer l'eau ». En la regardant, on peut comprendre les distinctions entre le mouvement et le repos, le vivant et le rien, l'intérieur et l'extérieur, l'évident et le subtil. On apprend comment détourner un cours d'eau, suivre le flot et saisir les différents effets des courants.

Efforcez-vous d'apprécier le vaste système de tuyaux et d'embranchements qui nous apporte la vie depuis les lacs et les réservoirs. Laissez votre vie prendre, comme l'eau, sa forme et sa couleur naturelles. Essayez de vous imaginer en train de vous écouler. Ressentez la façon subtile avec laquelle vous ouvrez et fermez le robinet de l'énergie et des émotions, éprouvez la manière dont vous contrôlez vos mouvements, le flux et le reflux de vos limites et de vos capacités, le réconfort que vous trouvez dans l'immobilité.

Ceux qui ont été témoins d'une inondation ou d'une tempête connaissent l'immensité et les impressionnantes capacités de l'eau. Mais nous en apprécions également les brumes rafraîchissantes, les vapeurs subtiles, les gouttes de rosée du matin et les arcs-en-ciel. Que nous l'observions à travers un arc-en-ciel ou sous la forme de flaques stagnant dans un fossé au bord de la route, l'eau renferme une certaine sagesse. Elle semble toujours savoir ce qu'elle est et où elle va. Elle ne peut pas se déplacer par elle-même et, pourtant, elle voyage partout. Elle reflète toutes choses. Il suffit d'une goutte pour enfermer le reflet de la lune. Et, si nous regardons attentivement, nous pouvons y voir bien d'autres choses encore.

Les plus petites pièces de la maison

L es salles de bains et les toilettes sont parfois séparées, parfois non. Si cette phrase ne ressemble pas à un proverbe zen... Étudions les choses étape par étape. Intéressons-nous d'abord à la douche et à la baignoire. Qui n'adore pas prendre un bain ou une douche ? Cela contribue à nous rafraîchir et à nous revigorer.

La vie communautaire des premiers monastères zen exigeait des bains pratiques et expéditifs que l'on retrouve aujourd'hui dans les communautés zen où les élèves cohabitent. Le bain a toujours été considéré comme une nécessité, non une retraite ou un temps de repos. Des règles très strictes président à son usage.

Jusqu'à ce que le gouvernement japonais s'avise de l'isolement dans lequel se trouvait le pays et s'ouvre au commerce avec l'Occident lors de la restauration Meiji de 1868, on ne faisait pas usage de savon. On se lavait en se frottant énergiquement et en utilisant de petites quantités d'eau chaude, de vieux bouts de tissu et une pierre ponce. Les maîtres zen découvrirent alors que le savon était un bon outil d'enseignement : « Le zen est comme le savon, affirmèrent-ils. Nous l'utilisons d'abord pour nous nettoyer, après quoi il faut se rincer. » Et de souligner que le savon peut se laver lui-même et qu'il est dans sa nature de disparaître au cours de ce processus.

Aujourd'hui, nous bénéficions de douches et de baignoires modernes et, quelles que soient nos méthodes d'hygiène, il arrive un moment où nous devons nous laver de toute la poussière du monde pour nous révéler à nous-mêmes. Réfléchissons à la manière dont les hommes considèrent l'eau et le bain. Les sans-abri sont en permanence à la recherche d'eau, les animaux et les enfants s'y ébattent avec délice, les soignants y baignent avec douceur les handicapés et les infirmes. Vous aussi, traitez la baignoire, le lavabo, les murs et le sol de la salle de bains sans brusquerie. Lorsque vous avez terminé de vous laver, essuyez les installations, suspendez soigneusement les serviettes de bain et assurez-vous que l'eau ne coule plus. Ainsi, vous commencerez à mieux apprécier ce décor, à regarder plus attentivement les carreaux, le miroir, la porcelaine, autant de petits détails qui tissent les moments essentiels de votre vie. L'eau est consubstantielle au temps. Pas la peine d'y ajouter le moindre *glamour* (mot d'origine écossaise et suggérant une « illusion de la beauté, une présence là où elle n'existe pas »). Grâce au savon et à l'eau, nous pouvons tous aspirer à la propreté et à la beauté. Voilà sans doute pourquoi Suzuki Roshi enseignait à ses élèves qu'il fallait se montrer reconnaissant envers elle : « Après nous être lavés, disait-il, nous devons évacuer l'eau vers notre corps plutôt que le contraire. Cela témoigne le respect que nous lui portons. »

Au cours de l'année 1239, Dogen rédigea le *Senjo*, un manuel destiné à apprendre à ses élèves la manière de se baigner, de se préparer et de prendre soin de la salle de bains et des toilettes – appelées *tosu* – du monastère. Dans cet ouvrage, Dogen rappelait à ses disciples que « *même le Bouddha avait des toilettes* », un fait que beaucoup de disciples préfèrent ignorer.

Les Occidentaux, en particulier, semblent avoir toujours considéré les toilettes comme un sanctuaire secret dont il vaut mieux parler le moins possible. S'il *faut* en parler, on se sert d'euphémismes comme lorsqu'on mentionne les perversions sexuelles ou la mort. Mais si parler des toilettes est si difficile, que dire du devoir de les *nettoyer* ? Au cours de toute l'histoire du zen, cette tâche a toujours été considérée comme honorifique, et elle fut toujours confiée à des élèves confirmés. Elle contribuait à renforcer l'idée qu'il n'y a pas de lieux impurs et que, comme le disait Bodhidharma, premier patriarche du zen en Chine, « l'Univers est un vide immense et rien n'est sacré en lui ». Aucun lieu n'est ni meilleur ni pire qu'un autre.

Le fait est que les toilettes sont un excellent symbole de notre humanité. En outre, l'élimination des déchets est une caractéristique commune à tous les êtres vivants. Ce que nous absorbons doit être ensuite consumé ou rejeté. Tout ce que nous avons à faire, c'est de garder l'esprit clair. C'est aussi simple que ça.

Nombre de gens éprouvent une véritable aversion à l'idée de laver les toilettes. Si vous faites partie de ceux-là, essayez de vous poser les questions suivantes : « D'où vient cette aversion ? Est-elle fondée ? » Des recherches ont montré que les zones proches de l'évier de la cuisine contiennent bien plus de bactéries que les toilettes. Essayez d'envisager cette tâche avec un regard différent. Après tout, les toilettes sont une chose merveilleuse lorsqu'on en a besoin. Essayez d'imaginer ce que serait votre vie sans toilettes. Et, la prochaine fois que vous entreprendrez de les nettoyer, efforcez-vous de leur manifester votre reconnaissance. Tout en passant l'éponge ou le balai, formez des vœux pour que tous les êtres soient lavés de leurs impuretés, de leurs envies, colères et illusions. Une fois encore, exprimez votre gratitude pour la nourriture qui vous maintient en vie et pour la « plomberie » intérieure de votre corps qui transforme cette nourriture avant de la filtrer, de la séparer et de rejeter ses déchets.

Tout cela prend très peu de temps. Vérifiez d'abord qu'il y a bien du papier toilette, du savon, une serviette et un gant de toilette. Puis récurez la cuvette avant d'essuyer le couvercle et le siège. Enfin, rincez et essuyez le lavabo. Ce coup de propre bénéficiera au prochain visiteur, même si vous vivez seul(e). Vous pouvez également ajouter une petite touche finale avec des fleurs ou un bâton d'encens.

Tout en vous adonnant à ces tâches domestiques, vous aurez l'occasion d'entreprendre ce que certains appellent une « pratique intégrative ». C'est juste une autre manière d'intégrer à vos activités quotidiennes les qualités du *zazen* – la méditation assise. La buanderie et les toilettes offrent un lieu parfait pour cet exercice. Il y est aussi naturel pour nous de nettoyer et de ranger les vêtements que nous portons que pour l'aigrette de lisser ses plumes ou pour le chat de la maison lécher sa fourrure au soleil. De nos jours, la plupart des gens n'ont plus besoin de claquer leurs vêtements sur un rocher au bord d'une rivière ni de les rincer à la fontaine. Néanmoins, faire la lessive peut se révéler encore aujourd'hui une expérience très enrichissante. Elle nous apporte l'occasion de ressentir une impression de renouveau. Pensez à la chaleur que dégage le séchoir dans la buanderie, prenez le temps de toucher chaque article que vous pliez. Si vous mettez votre linge à sécher sur un fil, émerveillez-vous de la chaleur des rayons du soleil et des odeurs d'herbe coupée. Respirez l'odeur de frais qui se dégage des vêtements que vous venez de laver. Pensez à la nature des choses qui sont devant vous et à tous les êtres vivants qui ont rendu leur existence possible.

Dans la pratique traditionnelle du zen, on trouve des recommandations explicites sur la manière de prendre soin de ses vêtements comme de sa literie. Chaque effet doit être manipulé, lavé et rangé d'une façon précise. Ces conseils ont traversé les siècles car ils ont un double objectif : ils permettent d'assurer l'uniformité et l'égalité à l'intérieur du monastère et encouragent les élèves à se concentrer sur leur tâche. Enfin, ils soulignent un point primordial : il ne faut pas faire les choses à la va-vite.

Aujourd'hui, nous sacrifions une grande part de notre existence à la rapidité. Quel que soit le temps dont nous disposons, il est toujours trop court. Nous ne cessons de courir en tous sens à la recherche de « quelque chose ». Le plus souvent, nous ne savons même pas de quoi il s'agit. Nous savons seulement que, plus vite nous arriverons à terminer ce que nous sommes en train de faire, mieux ce sera. Pourtant, si nous prenions un peu de recul et si nous considérions les choses avec plus d'attention, nous pourrions nous poser des questions fort instructives sur nous-mêmes. Devant les machines à laver très sophistiquées d'un Lavomatic, par exemple, nous pouvons fort bien recourir à de subtils enseignements du zen. Quelle est donc cette machine accrochée au mur qui procure de la monnaie ? Et les tambours du séchoir, ne ressemblent-ils pas à des moulins à prières ou à la roue de Samsara ? L'eau de Javel vat-elle réellement rendre notre linge plus blanc et l'adoucisseur la machine plus « compatissante » ?

Inutile, toutefois, de se laisser absorber par une multitude de questions divergentes. Procédez au lavage de votre linge sans essayer de vous identifier à l'excès à vos vêtements. Comme l'a dit Suzuki Roshi, il nous arrive de parler des vêtements que nous portons et de notre corps, mais ni les uns ni l'autre ne *sont* ce que nous sommes. Nous existons dans un état d'activité quasi permanente – une activité qui peut également engendrer de minuscules conséquences. Un bouton décousu heurtant le pied d'une table, le froissement des vêtements que l'on repasse, l'odeur des chaussettes propres rangées dans un tiroir... autant de petits moments simples et également importants, aussi importants que d'écouter le clapotis de l'eau qui tombe goutte à goutte.

Un monde de miroirs

L e premier miroir n'était guère qu'une mare d'eau réfléchissante et nombre de poètes japonais, aujourd'hui,
comparent les miroirs à des plans d'eau verticaux. D'autres
les considèrent comme une nécessité, une manière de vérifier notre état ou de nous situer dans l'espace.

Les maîtres zen ont de tout temps utilisé l'image du reflet
dans un miroir pour représenter l'esprit éclairé. La surface
polie réfléchit l'image vers l'extérieur, sans distorsion, inter-
férence, jugement ou hésitation. Elle illumine tout ce qui
se présente devant elle mais ne l'analyse pas, ne l'évalue
pas et ne s'inquiète en aucune façon de l'état des choses.

Elle reflète simplement la vie, sans essayer de la piéger ou de s'y cramponner.

Lorsque vous vous regardez dans une glace, vous voyez votre propre visage sans pour autant saisir le reflet de vos pensées. Suzuki Roshi a dit un jour que nos yeux ne sont capables de voir que ce qui leur est extérieur, c'est-à-dire le monde objectif. Il précisa aussi que, si nous réfléchissons trop sur nous-mêmes, ce « moi » risque de ne plus être notre vrai « moi ». Si nous regardons avec notre esprit et notre cœur, et non pas seulement avec nos yeux, nous découvrons alors devant nous le plus brillant des miroirs. Tout se reflète en lui.

Le nombre de glaces accrochées dans notre maison révèle certains aspects de notre personnalité. Ceux qui sont un peu vains installent des surfaces réfléchissantes sur tous les murs tandis que, pour d'autres, un miroir suffit amplement. Nous nous en servons pour vérifier notre apparence – coiffure, mine, vêtements –, à la fois fascinés et anxieux de l'image que nous offrons aux autres. Sans doute n'est-ce pas un hasard si les murs des cafés et des restaurants sont souvent tapissés de miroirs.

Il est bon de garder à l'esprit que ces images reflétées ne sont pas nous. Elles ne sont que des jeux de lumière, une sorte de rebond optique, un écho visuel. Le poète Yoka a écrit : « *L'esprit est pensée et les objets sont posés contre lui ; ces deux éléments forment comme des taches à la surface du miroir. Lorsqu'on enlève la saleté, la lumière se remet à briller. L'esprit et les objets sont alors oubliés et la vraie nature se révèle dans toute sa vérité.* » Trouver cette nature profonde est l'ultime recherche de l'élève, que ce soit par la pensée consciente ou par un heureux hasard. Il s'efforce de chasser les illusions qui interfèrent avec la vision de son véritable « moi ».

En pratiquant la méditation, vous pouvez, vous aussi, réussir à percevoir ce qui a toujours été là. Inutile de projeter votre « moi » sur les choses : essayez plutôt de vous identifier à elles. Vous finirez par les observer avec honnêteté et compassion, sans œillères et sans filtre, et par aller votre chemin sans entrer en collision avec les contingences ni vous cramponner à elles.

Je me souviens d'avoir observé un jour un moineau qui se jeta à plusieurs reprises sur une fenêtre. Il défendait son territoire en se battant contre son propre reflet et projeta son corps contre le verre jusqu'à épuisement. Il en va souvent de même avec nous. Les projections de notre imagination et nos craintes irrationnelles nous mènent à l'autodestruction. Nous créons des fantasmes qui rivalisent avec ceux des auteurs de fiction. Nous rejoignons Alice « de l'autre côté du miroir » et devenons notre reflet, plutôt que nous-mêmes.

Le prêtre zen Shotetsu (XIVe-XVe siècles) parlait souvent à ses élèves de son combat permanent pour éviter d'écrire les poèmes de quelqu'un d'autre.

Le miroir nous rappelle que nous devons nous aussi lutter pour éviter de vivre la vie d'un autre, et retrouver notre unicité.

Harmonie dans notre chambre à coucher

Nous manifestons souvent une curiosité naturelle envers la manière dont les autres organisent leur coucher. Lorsque nous visitons des musées ou des sites historiques, nous nous attroupons, captivés et intrigués, autour des lits des personnes célèbres. Il y a quelque chose d'émouvant à admirer ces chambres à coucher où les gens se révèlent les plus vulnérables. Même si personne ne s'est étendu sur ces lits depuis des siècles, il subsiste un sentiment d'intimité et d'immédiateté.

Nous possédons tous notre lieu de repos, que ce soit une chambre baroque avec un lit à baldaquin, ou un vieux sac de couchage sous la bretelle d'une autoroute. Dormir est indispensable à toute vie et le *Lotus Soutra* (l'un des traités consacrés à l'enseignement du Bouddha) parle de la literie, au même titre que la nourriture, la médecine et l'habillement, comme de l'une des Quatre Véritables Offrandes que l'on puisse faire à autrui. C'est l'un des vrais dons qui font la différence entre la vie et la mort.

Lorsque vous allez vous coucher, vous vous abandonnez à un environnement complètement nouveau, à un lieu intime qui donne la possibilité de se reposer, d'aimer, d'enfanter, de guérir ou de mourir. C'est le creuset de la destinée humaine par excellence, une place de totale vulnérabilité, dénuée de toute réelle protection. Même si vous ne dormez pas seul(e), vous finissez par vous retirer dans votre monde intérieur et le lit devient le lieu où vous passez de la conscience à l'inconscience. Les bords du lit sont les frontières de votre sommeil. Vous abandonnez tout ce que vous possédez et vous vous en remettez à une puissance supérieure pour assurer votre sécurité jusqu'au matin.

Petit garçon, j'avais l'habitude de demander à ma mère : « Jusqu'où peut-on aller dans nos rêves si l'on veut revenir à temps pour se réveiller ? » Cette histoire faisait rire toute la famille mais, quand j'y repense aujourd'hui, je me demande si ce n'était pas là un signe précurseur de mon intérêt pour le bouddhisme. Nous, bouddhistes, tentons avec ferveur en permanence de nous réveiller. À ce titre, cette phrase de Dogen – « Nous continuons notre pratique, même pendant notre sommeil » – est une petite consolation.

On fournissait aux prêtres et aux moines une grande variété de matelas et de coussins – zafus, futons, zabutons et autres – afin qu'ils puissent « s'asseoir et s'étendre zen ». Les moines voyageurs et les ermites considéraient que le paysage était leur demeure. Ils parlaient d'utiliser « la pierre comme un oreiller, le ciel comme une couverture ». Même de nos jours, nous pouvons considérer l'endroit où nous dormons comme un paysage dont la couverture représenterait les champs et les oreillers les collines.

Lorsque vous aérez votre literie, manifestez votre gratitude envers la fraîcheur de la nature et la chaleur du soleil. Quand vous tapotez vos oreillers, essayez de vous souvenir des rêves qu'ils ont suscités. Et quand vous repliez votre couette, rappelez-vous les robes des moines « patchwork » qui dormaient, bercés par l'odeur des pins. Un moine a défini les coutures de ces robes comme « la couture d'un nuage à un autre ». C'est ainsi que nos vies se tissent, un morceau et un moment à la fois.

Lorsque vous lissez du plat de la main les draps et les couvertures de votre lit pour en effacer les plis, pensez au monde qui s'éveille. Que signifie vraiment, pour vous, de retrouver la vie chaque matin ? Comment envisagez-vous vos retrouvailles quotidiennes avec les autres ? Que laissez-vous derrière vous ? Maintenant que vous voilà de nouveau embarqué(e) dans le cycle de l'existence, c'est au tour de votre lit de se reposer. Peut-être emporterez-vous avec vous un peu de sa chaleur réconfortante. En quittant la chambre, pourquoi ne pas lui faire un petit salut, un *gassho,* les mains jointes devant le visage, comme pour la remercier ? Nous sommes tous particulièrement reconnaissants de cette période de repos et de tranquillité. Mais, comme le disait Katagiri Roshi à ses étudiants : « Il est temps de se lever ! Votre vie doit s'enraciner dans la terre et non dans le sommeil. »

QUATRIÈME PARTIE

L'environnement extérieur

En ce jour de fin août,
ensemble sur la même branche,
des feuilles mortes et des vivantes.

1

Ratisser les feuilles,
tailler les branches, soulever une pierre

Dans de nombreuses maisons, il suffit de quelques pas pour passer de l'intérieur à l'extérieur. Il est donc naturel de poursuivre le balayage et le nettoyage dehors, d'entretenir le devant de la porte, le chemin et le terrain adjacent. D'une certaine manière, il n'existe guère de différences entre balayer et ratisser le jardin. Dans de nombreux temples japonais, le ratissage est suivi du balayage des allées du jardin à l'aide de balais de paille spéciaux. Les instructeurs disent souvent à leurs élèves que la vie entière ne consiste qu'à « balayer le jardin ».

Il est des domaines où le balayage et le ratissage diffèrent. Le premier se fait plutôt à la maison, l'autre à l'extérieur ; l'un met l'accent sur l'enlèvement, l'autre sur la réunification. Ces deux activités sont considérées comme essentielles à la pratique quotidienne des élèves zen. Depuis des siècles, l'*enju,* le jardinier en chef, est chargé de surveiller le travail effectué au-dehors. On s'efforçait de donner une impression générale d'ordre et de rigueur mais, dans le même temps, l'ensemble ne devait pas paraître trop soigné ou artificiel. Selon le maître de thé Rikyu (XVIe siècle), il convenait, lorsqu'on attendait des invités, de balayer les feuilles quelques heures avant leur arrivée. Et si des feuilles mortes tombaient ensuite, mieux valait ne pas s'en préoccuper. Seul un hôte imparfait laisserait un jardin sans la moindre feuille. Il existe aussi des instructions sur la manière de faire usage des feuilles, des pierres et des cailloux accumulés après le ratissage. On utilisait les premières comme compost ou comme combustible pour chauffer l'eau du bain. Les pierres et le gravier servaient à reboucher des trous. Il était impératif de ne rien perdre ni jeter. On ordonnait encore aux élèves de faire la différence entre « laisser les choses aller » et essayer de cacher ou de rejeter les éléments indésirables de leur vie.

Le ratissage des feuilles d'automne procure à la fois joie et mélancolie. On se réjouit de se retrouver dehors au grand air, d'écouter le vent souffler, de profiter des belles couleurs de la saison. Mais l'on se sent également triste parce qu'une nouvelle année touche à sa fin et que cette échéance nous rappelle le caractère provisoire de toutes choses dans la nature.

Pendant que vous ratissez, vous allez peut-être découvrir que le type de râteau que vous utilisez influe sur votre attitude et votre manière de travailler. Avec un râteau de métal, il se peut que vous ayez tendance à racler plus profond sous les cailloux et les pierres. Avec un râteau en bambou, en revanche, vous aurez peut-être envie de travailler plus vite, plus légèrement. Vous finissez par acquérir un nouveau sens de l'espace qui vous entoure, à prendre conscience du râteau lui-même et des écarts entre ses dents. Il ne parvient pas à ratisser toutes les feuilles d'un coup et certaines parviennent à « s'échapper ».

Même en l'absence de feuilles, les moines continuent à ratisser : le sable qui entoure les jardins de pierre en formant un océan de vagues, les parcelles bien entretenues, les allées. Il y a toujours beaucoup de travail à faire. Mais on peut être interrompu par un événement inattendu ou s'arrêter de soi-même pour contempler la nature. Si, par malheur, une soudaine bourrasque éparpille un tas de feuilles, notre premier mouvement d'humeur est vite remplacé par l'intuition que le vent n'est qu'une autre forme du râteau, un autre esprit occupé à réorganiser les choses à sa façon.

Que l'on travaille dans le jardin ou que l'on vaque à ses occupations quotidiennes, on passe son temps à ajuster, tailler, toucher, donner forme et retaper toutes sortes de choses. Il est parfois difficile de savoir *quand* s'arrêter. Nous sommes tiraillés entre deux extrêmes : prendre excessivement soin du cadre qui nous entoure ou le laisser aller à vau-l'eau en songeant que certaines choses peuvent bien marcher sans nous. Lorsque nous nous retrouvons à jouer du sécateur, nous contribuons à redéfinir l'espace, à en éliminer ce qui ne nous plaît pas. Ce n'est pas tant que nous voulions changer le monde. Nous souhaitons juste le « réparer » un peu. Comme lorsque nous aimerions perdre quelques kilos, nous débarrasser d'une mauvaise habitude, améliorer la situation d'un ami ou corriger les défauts de nos enfants. Mais ce façonnage et cet effort de contrôle peuvent avoir l'effet inverse. À la différence d'une personne versée dans l'art du bonsaï, nous risquons *sans le vouloir* d'arrêter une croissance naturelle avant qu'elle ait eu le temps de s'épanouir. À l'image d'un jardinier trop zélé, nous courons le danger de « tailler » même nos bonnes qualités. Sans parler du fait que nos interventions risquent de ne pas toujours être appréciées des autres. Il faut sans cesse garder à l'esprit que bien des choses finissent par s'arranger toutes seules sans que nous ayons à imposer nos directives ou à nous tracasser. Apprenons à les laisser suivre leur nature. Comme le dit un très vieux poème : « *Dans le paysage de printemps, les branches poussent naturellement ; certaines sont longues, d'autres courtes.* »

L'intervention et le contrôle des méthodes traditionnelles d'agriculture ont mené au développement de plantes et d'animaux domestiques qui ne peuvent désormais plus se reproduire sans notre aide, ni exister dans un environnement naturel. Un tel constat donne d'ailleurs le vertige. Il est parfois utile de se demander s'il s'agit d'un progrès ou d'une folie. Jusqu'où peut-on tailler avant de détruire ? Jusqu'où pouvons-nous agir avant que les choses ne finissent par se transformer en des entités entièrement nouvelles ?

L'un des symboles universels du zen est l'image d'une pleine lune. Cet astre symbolise de grandes réalisations et illuminations. Dans les peintures japonaises, on le représente généralement accompagné de quelques branches éparses. Ce décor a deux fonctions : il permet de mettre la

Lune en perspective et nous rappelle qu'elle est aussi liée à la Terre, et non isolée et repoussée au fond de l'espace. La Lune, la branche et nous-mêmes avons beaucoup en commun. Nous grandissons tous de façon naturelle et subissons d'incessants changements : certains d'entre nous sont grands, d'autres petits, certains clairs de cheveux, d'autres sombres. Nous nous épanouissons tous selon notre propre rythme. Comme le disent les maîtres zen, il n'y a pas de raison d'arracher la branche pour y cueillir les cerises. Chaque chose arrive en temps et en heure.

Si nous étudions chaque feuille, chaque branche, nous faisons appel à notre jugement, à notre sens du goût et à notre formation. Mais nous devons aussi apprendre à cesser de tout manipuler et laisser la nature suivre son cours. Plutôt que de nous occuper de ce sur quoi nous n'avons aucun contrôle, concentrons-nous sur les questions qui exigent et méritent notre attention et nos soins. Lorsque nous avons fini de tailler, vient l'heure de se détendre et de jouir des branches couvertes de bourgeons, des fleurs qui s'inclinent devant nos yeux et, même – pourquoi pas ? –, des mauvaises herbes opiniâtres. Quant aux pelouses, elles représentent souvent un problème car on les souhaite toujours parfaites. Nous entrons ici dans le « *koan* de la pelouse » qui demande : « La pelouse est-elle une chose naturelle ou artificielle ? » En réalité, je n'ai jamais vu le mot *pelouse* nulle part dans la littérature zen. L'*herbe*, en revanche, est complètement différente. L'herbe verte, l'herbe haute, l'herbe d'hiver, un brin d'herbe, une herbe folle, autant d'évocations qui parsèment la poésie et les enseignements écrits. Pourtant, ceux qui tondent les pelouses ne reçoivent pas beaucoup d'encouragements et le seul écrit les concernant vaguement est un passage d'un court poème de Konoshi Raizan (1654-1716) : «*J'arrache et je ramasse la nouvelle herbe de printemps avant de la débarrasser.*» Voilà qui me paraît suggérer une activité bien proche de la tonte d'une pelouse. Et qui pose des questions : « Quelles sont les raisons, les limites et les lois régissant cette activité précise ? Qui dicte les règles ? Ne s'agit-il que de se conformer aux usages ? Est-ce bon pour l'herbe ? »

Si vous êtes sur le point de tondre la pelouse, pensez à solliciter l'aide de Doji, le gardien des jardins et des bâtiments des temples bouddhiques. Interrogez-vous sur les raisons et les techniques de la tonte du gazon, sur l'uniformité, le mélange, l'intendance et la culture. Vous en apprendrez long sur la culture d'un champ qui ne produit aucune récolte et considérerez les frontières et les bordures sous un angle différent. Le monde est rempli d'herbes dressées ou mourantes, de myriades de plantes qui s'élèvent ou disparaissent sous nos yeux. Seule l'herbe sait combien elle peut être verte et jusqu'où elle peut pousser. Le *Zentin Segoshu,* un recueil d'écrits zen du xve siècle, affirme que sur la rosée, et même sur le brin d'herbe sans nom, la lune parvient à apparaître.

Lorsque vous tondez votre pelouse, tondez-la de toutes les fibres de votre corps. Écoutez le bruit de la tondeuse, respirez les doux arômes qui se diffusent dans l'air et cherchez la lune dans l'herbe coupée qui s'accroche à la semelle de vos souliers. Il existe bien des herbes dans nos vies, et la lune sait se révéler de différentes façons.

Dans l'accomplissement de ces tâches extérieures, il peut nous arriver de travailler avec des éléments moins souples et moins indulgents que le gazon ou les mauvaises herbes.

Depuis de nombreuses années, ma femme et moi prenons soin régulièrement d'un mur de soutènement en pierre qui embellit un petit coin de notre propriété. Ce mur d'environ deux mètres de hauteur a été construit avec beaucoup d'application par le propriétaire précédent. Toutefois, les pierres, presque certainement prélevées sur les terres environnantes, se sont révélées de qualité médiocre : grès, silex, schiste et autres conglomérats sédimentaires. Reliées par de généreuses mottes de ciment, elles ont affronté le mauvais temps pendant des années et courageusement retenu la butte de terre, l'empêchant de s'effondrer. Mais, petit à petit, le mur s'est mis à pencher et nous nous sommes aperçus qu'il s'écartait de la butte. Il se retirait prudemment, comme s'il essayait de voir ce qui allait arriver. Pas de violence, pas de grand bouleversement, pas de vibrations sur l'échelle de Richter, juste un éloignement à peine perceptible, un mouvement régulier pour rester seul.

Et, comme il arrive souvent, l'inclinaison s'est accentuée. Que ce soit en raison d'un hiver particulièrement rigoureux ou d'un défaut caché de construction, le mur, comme pris d'une répulsion soudaine, s'est éloigné inexorablement de la terre avoisinante. Nous avons observé cette évolution pendant quelques mois, espérant qu'il finirait par s'arrêter de son propre chef. Mais il continua son périple jusqu'à ce que la force de gravité en arrache un petit bout qui tomba sur le chemin.

Tandis que ma femme et moi entreprenions de démolir et de reconstruire notre rempart de pierre, je songeai au minuscule ver marin qui élit domicile dans les vallisnéries spirales de Tomales Bay, non loin du lieu où nous habitons. Ce petit animal, qui ne mesure guère plus de cinq centimètres de longueur, est une créature exceptionnelle. Il est l'un des meilleurs maçons qu'on puisse trouver sur Terre.

Pendant que nous arrachions les pierres de leur gangue de mortier et d'argile, je racontai à ma femme des récits de ver marin. Je lui expliquai comment il se construit un logis tubulaire à l'aide de grains de sable, s'entourant d'un étroit cône allongé, parfaitement droit à l'extérieur et doux comme le verre à l'intérieur. Chaque petit grain s'emboîte exactement à son voisin et la paroi n'a pas plus d'un grain d'épaisseur sur toute sa longueur. Le ver s'adonne parfois à des substitutions ou des réaménagements, opérant de subtiles sélections pour atteindre la perfection. Il parvient à persuader les morceaux les plus récalcitrants de se mettre en place, choisissant l'un plutôt que l'autre, à la recherche du mariage idéal de la ligne et de la facette, des trous, des bosses et des concavités. Après avoir frotté plusieurs fois l'intérieur de sa délicate coquille pour obtenir une finition lisse, notre artisan s'installe, la tête en bas, pour passer le reste de son existence dans le sable.

Tandis que nous manœuvrions nos leviers pour soulever une partie indésirable du mur et enlevions les cloques de vieux ciment à l'aide de burins, je songeai aux eaux calmes et protectrices où vit cette paisible créature, sous l'eau ridée par la brise. Ce travailleur solitaire, qui utilise ce qui se trouve à sa portée, est une véritable source d'inspiration. Il m'a fait prendre conscience de ma pauvre maladresse humaine. Je l'enviais pour son industrie et son ingéniosité tout en réalisant l'inanité de cette jalousie.

Quand je repense à cette journée, je me souviens que mes pensées interféraient avec le travail en cours. Dogen a dit un jour que, lorsque nous intellectualisons excessivement nos actes, nous « plantons nos fleurs sur de la pierre ». Il suffit d'entretenir les murs, de ratisser les feuilles et de retourner la terre du jardin. Travailler à l'extérieur nous donne l'occasion de voir le lieu où nous vivons sous un jour différent. Lorsque nous pénétrons dans le paysage avec simplicité et franchise, la *maladresse* et l'*inspiration* deviennent des mots inutiles. Et il arrive alors que nous nous retrouvions là – perdus au cœur du travail.

2

Les aventures de la lumière
et de l'obscurité

J e me souviens d'un après-midi de fin d'été. J'étais assis sur le rebord de pierre de notre toit. Ma femme et moi avions passé la plus grande partie des deux derniers jours à enlever les bardeaux usés et détériorés qui ne retenaient plus les pluies d'hiver. Nous avions également retiré des milliers de clous et de crampons du contreplacage, essayant de sauver ce qui pouvait l'être et espérant qu'il ne faudrait pas remplacer le toit dans sa totalité. Nous ignorions à l'époque que le travail que nous entreprenions était parfaitement futile et que les bardeaux et le contreplacage devaient impérativement être changés. Mais, quand je repense à cet après-midi, je sens encore la chaleur du soleil et le doux parfum du bois fraîchement mis à nu.

Le travail que nous venions d'effectuer ne manquait pas d'utilité, même s'il n'avait aucune incidence sur le résultat final. On aurait pu dire que nous avions perdu notre temps à faire une chose qu'il faudrait refaire. Pourtant, nous ressentions une sorte de joie à nous absorber dans notre effort et à profiter de la brise d'été. Sur notre toit plein d'échardes, nous étions aussi satisfaits et concentrés que possible.

L'expérience consistant à se plonger dans une activité me fut une leçon profitable. Après que nous eûmes terminé d'arracher les clous, je me souviens être retourné sur le toit, plus tard dans la même journée, et m'être tranquillement assis pour rédiger quelques notes sur le travail accompli. Les tâches physiques que j'avais effectuées jusque-là semblaient motivées par une sorte de colère, une urgence, et le besoin de tout contrôler. Que ce soit pour arracher des mauvaises herbes, préparer une pièce de bois, creuser un trou, je semblais toujours prêt à mordre, comme si je voulais en finir le plus vite possible. Mais, ce jour-là, sur le toit, quelque chose de nouveau s'était produit, quelque chose de vraiment révolutionnaire : j'étais *détendu*.

Assis tout seul comme je l'étais ce soir-là, cahier et stylo en main, je tentai l'impossible et me demandai : « Comment s'investir dans un effort calme et soutenu sans rechercher un résultat spectaculaire ? » Je me rappelle avoir beaucoup réfléchi à la manière dont les gens que je connaissais géraient leur travail, qu'ils le détestent ou y prennent plaisir. Et, pour une raison inconnue, je songeai qu'un artiste qui peint un autoportrait ne dessine généralement pas la vraie position de ses mains. Au lieu de peindre sa main tenant palette et pinceau, il la représente immobile et détendue. L'impression générale est que le peintre est à l'aise et non absorbé par son travail. On pourrait dire, d'une certaine manière, que chaque tâche que nous entreprenons, chaque minuscule facette de notre vie, est notre autoportrait. Les outils se révèlent sans importance sur le résultat final.

Quelques semaines plus tard, je me retrouvai dans une situation assez différente. Une fuite de tuyauterie m'obligea à ramper sous notre maison. Tout ce que je croyais avoir appris sur le toit s'envola en un instant. J'avais déjà expérimenté par le passé une de ces expéditions souterraines où il faut s'allonger sur le ventre, ramper sur ses mains et ses coudes à travers une obscurité oppressante, humide et envahie de scorpions. Sans être particulièrement claustrophobe, j'en conçus néanmoins une vive anxiété.

Dans ces cas-là, j'aime emporter avec moi un grand sac à outils qui me rassure et rend l'aventure plus supportable. Je me raisonnai en me disant que la maison existait depuis des décennies et qu'elle n'allait pas s'écrouler sous prétexte que je me trouvais dessous. Et, pour stimuler mon courage, je pensai que j'avais bien de la chance de ne pas être obligé de travailler dans une mine. Je me remémorai les « tunnels » creusés par les Viêt-congs, songeai aux spéléologues explorant une caverne. Mais ces pensées en amenèrent d'autres, et des images infiniment plus désagréables m'assaillirent : rats, araignées, scolopendres venimeuses et autres créatures des mondes souterrains.

Je tentai de retrouver le plaisir que j'avais connu en haut du toit. J'aurais voulu que ce précédent travail eût définitivement apaisé mes craintes, me laissant mieux armé pour affronter celui-ci, autrement déplaisant. Mais cela ne marchait pas. En tout cas, pas cette fois-ci. Il fallait recommencer à zéro. Je revêtis ma salopette, enfilai des gants et un bonnet de laine, saisis ma lampe-torche et demeurai un moment assis devant la petite ouverture qui menait aux Enfers. Les crochets et les clous rouillés tapis dans l'obscurité m'attendaient.

Je me retournai pour jeter un dernier regard sur le monde extérieur en me demandant : « Qu'est devenue cette douce brise ? Et cette intuition qui m'avait ébloui lorsque j'étais sur le toit ? Qu'est-il advenu de ce sentiment de sérénité et de bien-être ? » Je restai longuement assis là, avant de me rappeler que toutes ces questions étaient liées à l'idée de se mettre au travail. Alors, une dernière fois, je jetai un regard sur le monde extérieur, pris une profonde inspiration et me dirigeai vers les ténèbres.

CINQUIÈME PARTIE

Organiser sa vie

Venu d'une autre pièce,
au coucher du soleil,
le clic d'une lampe.

1

Comment vivre seul(e)

É tudier le zen, c'est nous étudier nous-mêmes, souvent
de manière paradoxale. Parmi d'autres contradictions,
les maîtres prétendent que nous sommes *toujours* seuls et,
dans le même temps, que nous ne sommes *jamais* seuls.
Après quoi, ils ajoutent que ces deux affirmations sont également vraies.

D'une certaine manière, vivre seul(e) n'est pas une chose
qu'on puisse faire... seul(e). Cette solitude, pourtant, est
notre lot commun. Si vous vous retrouvez séparé(e) des
autres, vous avez là une excellente occasion de tracer votre
chemin de façon plus indépendante et de modeler votre

destin, tout en apprenant la différence entre *solitude* et *isolement, solitude* et *communauté.*

Saviez-vous que, dans le règne animal, les bêtes qui choisissent de vivre seules sont considérées avec un intérêt particulier ? Les animaux « célibataires » comprennent une grande variété de créatures, allant du ver solitaire au crabe ermite. Même des espèces comme le loup, qui vit en bandes, produisent des « loups solitaires ». Que ce choix soit délibéré ou déterminé par les contingences ou le comportement des autres, ils suivent leur chemin de manière indépendante.

Les gens aussi sont parfois attirés par le vagabondage solitaire ou par la vie dans un ermitage isolé dans les montagnes. Même ceux qui apprécient les contacts humains ont parfois envie d'un peu d'espace et de solitude. Nous pouvons avoir profondément besoin de nous retrouver seuls. Mais sommes-nous plus pleinement nous-mêmes dans cette situation ?

Même lorsque l'on se croit loin des autres, on continue d'entretenir – consciemment ou inconsciemment – certains liens avec le monde extérieur. Après tout, nul ne peut produire sa propre nourriture, fabriquer tous ses vêtements ou exister sans user des équipements et des avantages collectifs. D'autres facteurs sont également à l'œuvre : les liens avec notre famille, nos amis et nos maîtres, ainsi qu'avec notre passé. Mais la pratique du zen peut nous aider à résoudre cette apparente contradiction : à chaque instant de notre vie, nous sommes seuls et en même temps reliés à toute chose.

Je me souviens cependant d'un article récent qui montrait jusqu'où une personne peut se retrouver coupée des autres humains. La police allemande avait découvert le cadavre d'un homme assis dans son appartement, devant la télévision. Il était là depuis cinq ans ! La télévision était encore en marche et les lumières de l'arbre de Noël illuminaient la pièce. L'homme avait décoré l'arbre cinq ans auparavant, juste avant de mourir. Ses voisins expliquèrent qu'ils ne s'étaient pas inquiétés car il avait toujours été très discret. L'argent destiné au loyer et aux charges avait été prélevé directement sur son compte. Il n'y avait jamais eu le moindre problème jusqu'à ce que les fonds s'épuisent et que le propriétaire aille enfin frapper à la porte de son locataire pour réclamer son loyer.

L'histoire de ce mort est l'exemple type d'une bonne idée qui va trop loin. S'il était très soucieux de ne pas faire de dettes et vivait de manière autonome, ses contacts avec le monde semblaient se résumer à ce qu'il voyait à la télévision. Sa célébration de Noël dans la plus totale solitude est particulièrement poignante. J'en viens même à me demander s'il y avait des cadeaux sous le sapin. Si c'est le cas, étaient-ce des cadeaux qu'il s'offrait à lui-même ? Je me demande également quelles furent les dernières images qu'il vit – les documentaires, les publicités et les importantes nouvelles dont le poste le bombardait de sa lumière électronique. S'il existe quantité de bonnes raisons pour vivre seul(e), s'enfermer et se couper des autres est une tragique extrémité.

La tradition zen a toujours accordé une grande valeur à l'autonomie. On n'encourageait pas les moines voyageurs à s'installer près des centres d'enseignement et on leur faisait passer des tests épuisants avant de les laisser pénétrer dans un temple. Le bouddhisme a toujours souligné l'importance de la recherche personnelle, du questionnement et de l'examen de conscience pratiqués dans la solitude. Le zen a particulièrement cherché à offrir le cadre de vie le plus dépouillé et le plus éloigné des contraintes sociales, afin de dégager le chemin le plus direct pour découvrir ce qu'il y a au fond de nous.

Et pourtant, parallèlement, le zen ne manque pas de souligner l'interconnexion entre toutes choses et l'absence de séparation entre « moi » et « autrui ». Il insiste sur la valeur du travail en communauté : aider à l'hospice, nourrir ceux qui ont faim, etc., soulignant que se couper des autres serait considéré comme un acte de désespoir. Même des moines poètes tels que Ryokan et Santoka, célèbres pour leur vie et leurs voyages solitaires, prenaient le temps d'aider les autres et de jouer avec les enfants du village.

Les bénéfices et les plaisirs de la vie solitaire sont nombreux. Inutile de les mentionner ici. Si, toutefois, vous êtes enfermé(e) dans des contradictions et assailli de doutes devant la décision de vivre seul(e), le *Zentin Kushu* est susceptible de vous offrir les meilleurs conseils. Cet ouvrage, composé il y a près de cinq siècles, laisse entendre que nous devrions vivre comme si les autres étaient avec nous et, même quand nous sommes seuls, « porter nos plus beaux vêtements ».

Vivre avec les autres

Il existe un exercice dont Thich Nhat Hanh se servait souvent avec ses élèves. Regardez simplement la paume de votre main en vous demandant quelle moitié vous vient de votre mère et quelle autre de votre père. Ensuite, tentez de déterminer quelle partie de votre main vient de la mère de votre mère et laquelle vient du père de votre père.

La finalité de cette expérience est d'examiner les conditions de votre hérédité. Toute rupture dans la longue lignée de vos ancêtres impliquerait votre non-existence, et vous avez une lourde dette envers ceux qui vous ont précédé(e). Votre lien avec tous les membres de votre famille n'a pas de fin. De la même façon, vous êtes en permanence influencé(e) par ce qui vous environne, vous « héritez » du reste du monde. Tout est lié dans votre vie. Il y a des racines et des branches, des mutations et des permutations. Mais tout n'est qu'une grande famille tourbillonnante en perpétuel changement.

Partager votre domicile avec d'autres personnes vous fait bénéficier d'une plus vaste expérience du monde. Plutôt que de fréquenter les objets inanimés qui vous entourent, vous vous impliquez directement dans l'existence d'autrui. Qu'il s'agisse de familiers, d'amis ou de compagnons, ils vous offrent l'occasion de partager leur vie. Vous voyez alors en eux des parcelles de votre propre existence et vous ressentez également ce qui, pourtant, vous sépare d'eux. Au cours des différentes étapes de votre relation, vos liens se resserrent et vous apprenez à vieillir ensemble. Vous prenez plaisir à la compagnie et à la découverte de l'autre, vous comprenez mieux son tempérament et réalisez l'importance de communiquer. Vous prenez conscience de la subtilité des mots.

Ainsi que le zen l'a toujours souligné, on trouve aussi de grandes subtilités au sein du silence. Dans la salle de méditation, on est particulièrement conscient de l'intimité qui se crée au moment où l'on s'assoit en silence auprès des autres. Les gargouillements d'estomac, les bruits de gorge, les reniflements et les chuchotements sont partagés par tous et unissent les individus en un seul corps.

À la maison, toutefois, ce genre de silence est souvent le résultat d'un conflit ou d'une tension entre les occupants. Partager son toit peut se révéler un véritable défi. Il va falloir respirer le même air, se servir des mêmes pièces communes et des mêmes appareils. Vous allez coexister dans le même temps et le même espace. On prétend souvent que vivre avec les autres ressemble à un petit tas de cailloux au fond d'un verre : les pierres se frottent les unes contre les autres et leurs arêtes finissent par s'user et s'adoucir. Elles s'adaptent mieux alors à leurs voisines.

Les autres déterminent une si grande partie de ce que nous sommes qu'il nous arrive d'être cachés par eux, d'être littéralement enfouis au sein de la vie de nos proches. Nous perdons alors notre indépendance et nous nous sacrifions à notre compagnon (compagne) ou à notre milieu. Dans l'étude du zen, nous soulignons l'importance de découvrir notre véritable nature, notre « moi » originel, celui qui existait déjà *avant* notre naissance. Au cours de notre vie, nous ne cessons de faire l'expérience du changement. Nous adoptons de nouveaux amis, intégrons de nouveaux

membres de la famille. Nous assimilons souvent les caractéristiques des autres : manières, styles, goûts musicaux, lan-
gage, connaissances...

Vivre avec d'autres personnes, c'est s'ouvrir à un monde
d'échanges et profiter de l'occasion d'exercer notre
compassion. Nous parvenons à nous oublier un instant
pour lancer : « S'il te plaît, range tes vêtements » ou « Le
dîner est servi ! » sans reprendre notre respiration. Les activités partagées apportent du piment dans la vie quotidienne et, en analysant nos rapports avec autrui, nos forces
et nos faiblesses nous apparaissent plus clairement. Cette
nouvelle compréhension est très profitable, pour nous et
pour ceux avec lesquels nous vivons. Elle est comme une
main qui se tend vers une famille encore plus étendue : la
famille des hommes.

Vivre avec des animaux de compagnie

D ogen a dit un jour : « Si nous ne pratiquons pas notre
sagesse avec tous les êtres, alors il ne s'agit pas de
bouddhisme. » Mais de quels « êtres » s'agit-il ? Inutile d'aller bien loin pour les trouver. Les chercheurs ont expliqué que, si d'aventure notre enveloppe physique disparaissait soudainement, son contour, une sorte d'« ombre vivante », formée de bactéries et autres minuscules organismes, serait toujours visible. Nos corps sont composés de milliards de cellules vivantes ou mortes, et il est difficile de faire la distinction entre celles qui sont « *nous* », celles qui sont « *à nous* » et celles qui sont « *indépendantes* ».

Parlons des animaux pour nous faire mieux comprendre. Au cours de mon enfance, mon expérience avec les bêtes ne fut qu'une longue série d'aventures malheureuses en compagnie de colonies de fourmis et d'un chien qui aurait su s'échapper d'Alcatraz sans déclencher l'alarme. Assez étrangement, mon amour pour les animaux ne s'est pas découragé, bien au contraire, et, toute ma vie, j'ai apprécié leur compagnie.

Suzuki Roshi a parlé du devoir de saluer les chats et les chiens. Il pensait que c'était là un comportement des plus naturels, une manifestation de respect et d'empathie, un moment partagé avec un autre être. En fait, la littérature bouddhiste est remplie de références aux animaux. D'innombrables soutras, de récits *jakata*, de paroles *dharma* et de poèmes font référence aux chevaux, aux dragons, aux tigres et aux oiseaux. Les élèves étudient le chien de Joshu, le chat de Nansen, les bouviers ou les punaises de Kanzan dans leur bol. Les animaux sont partout : au paradis, en enfer et, surtout, ici, sur Terre. Avec nous.

Partager notre maison avec une autre créature peut nous procurer de grandes joies. Il y a beaucoup à apprendre d'une relation si différente de celle que nous entretenons avec notre propre espèce. La communication interespèces est l'une des plus fructueuses de notre vie, sans parler du réconfort que nous procure la compagnie d'un chien ou d'un chat. La joie que ressentent les animaux à être simplement ce qu'ils sont est particulièrement instructive et, même, contagieuse. Les médecins affirment que caresser la fourrure d'un animal domestique accroît l'impression de détente et de bien-être. Dans certains cas, on encourage les malades à prendre un animal auprès d'eux comme complément de leur thérapie. Ils en retirent toujours d'importants bénéfices.

Naturellement, vivre avec un animal domestique réserve aussi quelques surprises. Il peut arriver que votre chien saute par-dessus la barrière et s'évanouisse dans la nature ou que votre chat se cache obstinément sous un meuble. Les termes *propriété* et *contrôle* perdent beaucoup d'importance dans ces situations. Je me souviens d'une froide matinée de janvier, au moment du petit déjeuner. Ma femme et moi avions quitté la table au même moment, laissant la cuisine sans surveillance. À notre retour, nous trouvâmes notre vieille chatte, McKinley, en train de se réchauffer, assise sur une pile de crêpes. Elle avait dû faire de terribles efforts pour atteindre cette hauteur, sautant d'abord sur une chaise d'où elle avait pris son élan pour atteindre la table. Après un premier mouvement d'humeur, une sorte de compréhension attendrie s'empara de moi à la vue du prédateur qui s'enfuyait en emportant un bout de crêpe. Quelle merveille de souplesse et quelle absence totale de culpabilité !

Certains de ces instants sont donc particulièrement privilégiés, si nous gardons la faculté de les percevoir. Ils s'impriment dans notre mémoire à jamais. Une relation avec des animaux offre l'occasion d'observer l'infinie variété de la vie et les innombrables voies que prend l'esprit pour se révéler.

SIXIÈME PARTIE

Balayer le soleil, cirer la lune

Nous sommes tous des haïkus,
sur Terre seulement pour dix-sept
syllabes et trois lignes.

1

Apporter des retouches à la perfection

L'une de mes grands-mères me disait souvent qu'accomplir les tâches domestiques (recoudre des boutons ou préparer une tarte aux pommes, par exemple) était aussi facile que de « tomber de bicyclette ». Dans son travail, elle était toujours aussi détendue et pleine d'énergie qu'un élève zen puisse rêver de le devenir un jour.

Il n'en demeure pas moins qu'en tant qu'élèves nous tentons de rester *sur* la bicyclette. Nous commençons par nous asseoir (en méditation) et apprenons ensuite à conserver cet équilibre. C'est ainsi que nous avançons en tanguant, que nous nous redressons lorsque nous manquons de tomber pour, finalement, perfectionner notre aptitude à « voir » le monde, à l'expérimenter à un niveau supérieur.

Dans l'esprit de cette aventure, je voudrais élargir notre vision du zen pratiqué à la maison aux espaces qui s'étendent au-delà de cet étroit périmètre. Car plus notre pratique s'approfondit, plus surgissent des problèmes philosophiques tels que le temps, la mort, la volonté et la quête de la perfection.

On prétend qu'un bouddha de bois ne peut franchir le feu et qu'un bouddha d'argile ne peut traverser l'eau. Cela signifie, bien sûr, que nous avons tous nos limites et nos faiblesses. Comme l'a dit Katagiri Roshi : « Même les Bouddhas et les Ancêtres peuvent commettre une erreur. » Les qualités ordinaires et « humaines » de tous les bouddhas et des bodhisattvas les rendent plus réels à nos yeux. Un idéal impossible à réaliser est vain. Pas la peine de s'échiner à devenir quelque chose ou quelqu'un d'autre. Dès que nous reconnaissons et acceptons ce que nous sommes, nous ne ressentons plus le besoin de changer.

La plupart d'entre nous s'efforcent de mener une vie exemplaire. Nous essayons sincèrement de faire de notre mieux. Pensez à l'acte tout simple de nettoyer une tasse à café, par exemple. Lorsque vous êtes en train de la laver, inutile de tendre à la perfection en cherchant à la rendre

« parfaite ». Vous ne mesurez pas la température de l'eau ni ne vous inquiétez du pH du savon. Vous nettoyez la tasse, un point c'est tout. Si vous la manipulez avec soin, rien ne vous séparera d'elle. Pas de rêve éveillé, pas de distractions ni de récriminations, pas d'idée de soi ou d'autrui, pas de barrière entre vous et ce que vous faites. Il n'y a que l'acte de laver, et il contient toute votre vie.

En regardant autour de vous, vous commencez à percevoir la « justesse » des choses, la vraie valeur qu'elles offrent à notre conscience. Leur prêter attention ne coûte rien, car nous possédons d'insoupçonnables capacités d'attention. Commencez par regarder votre propre main ou la manière dont la lumière se reflète dans le téléphone. Vous ressentirez alors la tranquillité intrinsèque des objets, leur raison d'être là et leur nature transitoire. Conscient(e) des nuances, vous parvenez peu à peu à retourner à votre véritable moi. Vous commencez à vous identifier aux diverses forces qui vous entourent et vous êtes plus disposé(e) à accepter votre place parmi elles. L'empathie vient à votre rencontre, sans effort, sans avoir à intervenir. Tout cela peut sembler facile mais, en réalité, ça ne l'est pas pour la plupart d'entre nous. Nous attendons ou désirons toujours quelque chose. Nous cherchons à mettre toujours plus d'excitation et de variété dans nos existences. Nous nous sentons coupables ou, au contraire, terriblement satisfaits de notre passé. Nous tirons des plans sur la comète pour contrôler ou orienter l'avenir. Nous sommes curieux de savoir si l'on nous observe et quelle peut bien être l'opinion d'autrui nous concernant. Sommes-nous à notre avantage ? Se pourrait-il que quelqu'un sache que nous ne sommes pas parfaits ?

En somme, nous craignons sans cesse d'être pris en défaut et de ne pas être aimés en raison de nos imperfections. Nous perdons parfois de vue ce que nous sommes et, pourtant, notre moi demeure parfait. Nous avons commencé dans la perfection et finirons de même, sans avoir pour autant à devenir riches, beaux, voire à atteindre la sagesse suprême.

Il ne faut pas trop essayer de devenir un bouddha. Lorsque nous courons après une chose, elle s'éloigne de nous avec la même vitesse. Une quête intense de la perfection ne suffit pas toujours et elle ne doit pas être notre but. Si nous parvenons à reconnaître que les bouddhas font parfois faillite, divorcent et tombent dans la boue, alors nous commençons à considérer la perfection sous un jour nouveau. Nous comprenons que les bouddhas se révèlent, eux aussi, des humains qui ne diffèrent guère de nous.

De la tranquillité et du réconfort

Au Centre zen de San Francisco, un matin de bonne heure, j'étais assis dans la posture traditionnelle de méditation lorsque je fus frappé par une soudaine illumination. Je réalisai avec une absolue certitude que j'étais la seule personne présente, parmi les quelque quarante élèves de *zendo*, à avoir dansé des claquettes dans un ascenseur d'hôtel avec James Baldwin et Tennessee Williams. Il m'apparut tout aussi évident que je devais être le seul, ici, à avoir escaladé le Hoover Dam.

Assis sur mon coussin noir, les yeux fixés sur le mur nu, je ne me sentais pas particulièrement fier de ces deux moments de mon existence. Je fus même plutôt surpris de l'irruption de ces souvenirs dans ce silence pénétrant. Puis je me rappelai que les gens qui m'entouraient devaient avoir certainement leurs propres aventures et leurs propres souvenirs, et je me demandai s'ils les évoquaient comme moi en cet instant. Après quoi, le silence reprit ses droits et je retrouvai le calme et l'indifférence envers le passé ou l'avenir. Du moins pour un temps.

Quel est donc cet incessant discours qui traverse notre cerveau ? Il semble bien que, quoi que nous fassions, où que nous soyons, nous ayons auprès de nous un ami caché qui nous montre ce que nous devrions faire. Il évalue, émet des jugements de valeur, rafraîchit notre mémoire, essaie de nous distraire, de rendre la vie plus intéressante et s'infiltre dans nos pensées les plus intimes.

Il est facile de laisser son esprit vagabonder, en particulier lorsqu'on travaille au calme. Mais nous perdons alors le contact avec l'immédiateté de notre vie et tout bonheur devient transitoire et artificiel. Voilà pourquoi il faut s'efforcer de garder les pieds sur terre et de rester parfaitement conscient. Lorsque votre esprit part à la dérive, ramenez-le doucement vers le présent, un peu comme lorsque vous vous trouvez face à l'océan et que les vagues viennent fouetter votre corps avant de se retirer, sans vous emporter.

Assez curieusement, dès que vous parvenez à faire cesser ces interférences, vous devenez plus attentif(ive), et non l'inverse. Au lieu d'être coupé(e) des réalités, vous les voyez bien plus clairement et les ressentez avec plus d'intensité. Ce calme vous permet de vous concentrer. Vous êtes mieux préparé(e) à affronter une hausse soudaine d'activité, sans pour autant vous laisser déborder par le travail. Vous serez en mesure d'y répondre avec précision sans perdre de temps avec des options improductives.

L'atmosphère collective de la salle de méditation zen est très ordonnée et réfléchie. Pourtant, chaque personne assise est un individu pourvu de sa propre histoire. Les formes traditionnelles de méditation obéissent à des règles sages, et cependant nul n'est semblable à son voisin. Suzuki Roshi n'était en mesure de différencier ses élèves que lors qu'ils s'étaient rasé la tête et avaient revêtu la même robe noire. En abandonnant leurs poses inutiles, les gens permettent à leur véritable individualité d'émerger. Cette authenticité révèle enfin leurs diverses façons d'être uniques.

Méditer en silence, c'est un peu comme revêtir une robe noire. On coupe le bruit de la petite musique intérieure et des pensées qui nous distraient et l'on cesse de se préoccuper du regard d'autrui. On s'aperçoit alors que la tranquillité est un autre mode d'apprentissage et de communication. Au lieu de marcher au son d'un autre tambour, nous allons à notre propre rythme, ni trop vite, ni trop lentement. Nous ne souhaitons plus qu'une chose : participer pleinement à la parade.

La pratique de la prière

D ans un merveilleux passage de son livre *The Mountains of California*, John Muir décrit l'émouvante expérience qu'il vécut au cours de l'ascension du Mount Ritter, aux confins de la bordure occidentale du Yosemite National Park :

« *Les dangers qui s'offraient en bas me paraissaient plus terribles encore que la falaise qui me faisait face. Après avoir longtemps scruté la paroi, j'entrepris de l'escalader en assurant précautionneusement mes prises. Arrivé à mi-sommet, je me retrouvai soudain bloqué, les bras en croix, agrippé à la roche et incapable de bouger une main ou*

un pied. Mon destin paraissait scellé. Je devais tomber. Il
y aurait d'abord un moment de confusion, puis une chute
mortelle dans le précipice jusqu'au glacier. À cette idée, je
me mis à trembler pour la première fois de la journée et
ce fut comme si mon esprit se remplissait d'une fumée
suffocante. Mais cette terrible éclipse ne dura qu'un ins-
tant. La conscience me revint avec une clarté surnatu-
relle. J'avais l'impression d'être soudain doté d'un sixième
sens. L'autre moi, celui de mes expériences passées, de
mon instinct – à moins que ce ne soit mon ange gardien,
appelez-le comme vous voulez –, avait pris le contrôle de
la situation. Mes muscles tremblants se raffermirent,
chaque anfractuosité de la roche m'apparut comme à tra-
vers une loupe, et mes membres se déplacèrent avec une
précision et une assurance qui m'étaient jusque-là étran-
gères. Comme si des ailes m'avaient poussé sur le dos. »

Lorsque notre voiture se met à faire une embardée, lorsque la pile d'assiettes commence à chavirer sur le plateau,
que l'enveloppe contenant les résultats si redoutés d'examens médicaux arrive dans notre boîte aux lettres ou que
nous nous retrouvons coincés dans un lieu extrêmement
périlleux, il y a un instant où notre esprit hurle un appel au
secours. Nous ne sommes plus en mesure de faire face à

la situation et la seule priorité est de rechercher une aide quelconque venue de l'extérieur. N'avons-nous pas tous ressenti cette impuissance, cette incapacité à nous mouvoir librement ? Que faire dans de telles occasions ? À qui adresser nos prières ? À qui demander de l'aide ?

Ceux qui s'intéressent au bouddhisme me demandent parfois quelle place occupe la prière dans l'étude du zen. Je leur réponds que le célèbre maître D.T. Suzuki (1870-1966) a dit un jour que la prière est parfaitement inutile, que chacun ne doit compter que sur lui-même, qu'il n'y a personne à qui adresser ces prières et que cette seule idée n'est qu'une ridicule perte de temps. « Bien sûr, ajouta-t-il, nous le faisons tous. »

Que vous croyiez ou non à la prière ou en un « être suprême », vous possédez une réserve d'énergie et d'ingéniosité sur laquelle vous pouvez compter en cas de nécessité. Lorsque les choses se passent rapidement et que vous n'avez pas le temps de demander : « Que faire maintenant ? », vous trouvez la force de soulever l'arbre tombé sur un campeur. Vos sens sont en alerte et vous vous concentrez sur ce qui doit être fait. C'est plus qu'une simple question d'adrénaline. Chaque jour de votre vie, vous accomplissez l'impossible. Chaque jour, vous escaladez une montagne.

Il existe, bien sûr, des moments où l'on se retrouve coincé, trop effrayé ou troublé pour faire un seul mouvement. Mais une fois la crise derrière nous, on s'aperçoit avec étonnement que le problème est déjà dépassé. Les choses se sont débloquées et reprennent leur cours.

Nous avons tous connu des moments où il nous semblait impossible de rester en vie et de faire un effort supplémentaire. Nous cherchons une issue. Nous réclamons de l'aide. Et voilà que, soudain, nous nous ressaisissons (comme l'a dit Samuel Beckett : «Je ne peux pas continuer. Je continuerai»). La source de ce changement est assez extraordinaire, elle provient de cette énergie et de cette force de volonté dans lesquelles nous puisons lorsque nous en avons le plus besoin. C'est peut-être ce que nous cherchons en guise de réponse à nos prières.

4

Trouver le zen, s'en emparer, le garder

L a cloche *zendo* a sonné et je m'assieds sur mon coussin noir. J'ai un peu le sentiment d'être une bête traquée, confronté à une chose et à une personne autre que moi. Impossible d'échapper au fait que je suis coincé ici pour les quarante minutes qui vont suivre. J'ai l'obligation envers les autres de ne pas bouger un cil et je me garde de faire le moindre bruit. Pas d'issue de secours. Pendant quarante minutes, je pourrais aussi bien être mort et, de fait, c'est exactement l'idée : mourir tout en restant éveillé, voir et ne pas penser.

Dogen dit : « Lorsque vous partez seul(e) en bateau au loin, vous voyez la courbure de l'horizon et en venez à croire que l'océan est rond. Mais il n'est ni rond ni carré. Il a des caractéristiques infinies et des vertus illimitées. »

En vous asseyant sur le coussin, vous abandonnez derrière vous une grande partie de votre monde familier pour vous ouvrir à de nouvelles perspectives. Vous êtes prêt(e) à observer ce qui se révélera à vous, les caractéristiques infinies et les vertus illimitées que forme la nature de votre réalité.

Pourquoi, nous, bouddhistes zen, avons-nous choisi cette voie ? Qu'est-ce qui nous a attirés dans cette sagesse et cette discipline ? Le bouddhisme est une religion et une philosophie dénuées de prosélytisme. S'il n'a jamais fait de publicité pour recruter de nouveaux convertis, il ne manque pas pour autant de disciples. En théorie, il offre un enseignement gratuit à tous ceux qui le demandent. Mais il n'a jamais essayé d'intervenir dans les croyances des autres. À mes yeux, son côté « C'est à prendre ou à laisser » a toujours fait partie de sa séduction. Je pouvais y consacrer autant de temps que je le désirais. Je ne subissais aucune coercition. Personne ne m'avait fait la moindre promesse de récompense. On m'aidait volontiers lorsque je le demandais, mais on m'avait fait comprendre qu'il fallait le demander. Personne ne viendrait me chercher ni vérifier si mon esprit était ailleurs. C'était à moi de déterminer dans quelle direction je voulais aller et à quelle vitesse.

Nombre de mes amis, dont certains se sont voués depuis des décennies à l'étude du zen, m'ont raconté qu'ils avaient découvert le bouddhisme en lisant par hasard un article ou un livre. Certains en avaient entendu parler à l'occasion d'un cours sur l'histoire et la philosophie asiatiques. D'autres par des amis. D'autres encore s'y étaient intéressés alors qu'ils prenaient des drogues, qu'ils étaient malades, qu'ils pratiquaient le yoga ou un dur travail corporel, ou après avoir admiré des calligraphies, des sculptures, ou lu des poèmes associés au zen. J'ai toujours été très ému de voir, dans les salles de méditation, des rangées entières de participants, dont chacun représente une facette différente de la même réalité. Ils sont tous là pour des raisons diverses, ils viennent d'horizons multiples avec des vécus dissemblables. Leurs raisons de pratiquer le zen sont parfois assez vagues. Certains ne sont pas tant intéressés à trouver des réponses qu'à découvrir, au moins, s'il *existe* des réponses.

Les anciens maîtres définissaient ce questionnement, cette curiosité et cette attirance comme « un esprit à la recherche de sa voie », le désir inné de progresser et de faire l'expérience de sa propre « bouddhéité ». Ce désir ne surgit parfois que brièvement ou même pas du tout. Il vient et repart au gré des circonstances. Évident chez ceux qui étudient le zen avec assiduité, qui questionnent le sens caché sous les réalités et qui ont soif de les expérimenter sans trop parler, il peut aussi déterminer le cours d'une vie. Car le zen est, plus que tout, une méthode d'expérimentation. Il se manifeste ensuite pleinement chez ceux qui le pratiquent assidûment, qui creusent les apparences pour quêter le sens caché de l'existence et qui ont soif d'expérimenter cette sagesse sans passer par un excès de parole. Par le nouvel éclairage qu'il jette sur les mots et les rituels, par sa longue tradition d'enseignement et par sa longue histoire, le zen consiste essentiellement à nous aider à nous enraciner dans le *moment présent* !

Que vous l'étudiiez dans un temple ou, de manière moins formelle, en compagnie de quelques amis, ou encore en lisant un ouvrage, on vous répétera sans cesse de ne pas confondre le doigt pointé sur la lune avec la lune elle-même, c'est-à-dire l'enseignement avec l'expérience. Des maîtres vous fourniront quelques conseils sur le cours de vos études, mais ce sera à vous et à personne d'autre de faire la distinction entre l'enseignement et l'essence de ce qui est enseigné. Vous apprendrez en premier lieu que, lorsque vous êtes désorienté(e), c'est que vous n'essayez pas avec encore assez de persévérance. Et les élèves plus avancés vous avoueront qu'ils ont été eux-mêmes dans la confusion pendant longtemps.

Le zen tente de vous montrer la bonne direction. Il vous enseigne que la brise qui souffle sur la haie, le nuage qui apparaît au coin du toit et les affiches déchirées sur le mur ne sont que des signes qui vous indiquent ce que les choses sont dans leur vérité. « Regardez ! Regardez ! C'est juste devant vous ! » Voilà le message. Le zen n'est pas une découverte ni une expérience qu'on doit vivre forcément dans un temple lointain ou dans un monastère. Dogen Zenji demandait souvent à ses élèves : « Si vous ne trouvez pas la vérité ici, où pensez-vous la chercher ? »

Nous grandissons dans l'idée que nous savons tout, persuadés que, s'il existe une chose importante que nous ignorons, nous finirons par la connaître en chemin. Nous apprenons indifféremment à préparer nos repas et à nous comporter dans les soirées. Nous aiguisons notre discernement, tentons de distinguer le bien du mal, de savoir ce que nous aimons et ce qui nous déplaît. Mais un excès de connaissances en vient parfois à nous troubler, car celles-ci sont de natures extrêmement diverses. Celles acquises par le toucher, par exemple, diffèrent de celles acquises par un apprentissage théorique ou par un raisonnement abstrait.

La réalité des rêves ne ressemble pas à celle du nettoyage du réfrigérateur. Nous nous demandons ce que les choses sont vraiment ou ce qu'un événement signifie, et nous tentons de comprendre l'intention derrière chaque rencontre. Nous sentons bien qu'il y a des significations plus profondes mais nous ne parvenons pas à les mettre au jour.

Le doigt pointé sur la lune est proche mais la lune semble très éloignée. Et, cependant, les maîtres zen nous assurent que la lumière de la lune est partout. Les occasions de la découvrir sont innombrables : elles doivent s'enraciner dans l'expérience personnelle et non s'alimenter à des sources extérieures.

Si vous voulez apprendre à nager, il faut d'abord entrer dans l'eau. Vous pouvez bien sûr parler avec des gens qui l'ont déjà fait et étudier les caractéristiques scientifiques de l'eau. Vous pouvez faire des mouvements de bras à l'air libre, apprendre à retenir votre respiration et vous acheter un maillot de bain dernier cri. Mais rien ne vaut le fait de plonger directement dans l'eau – là ou vous pourrez ressentir *sa* réalité. Faites « l'expérience » de l'eau. Vous ne l'oublierez jamais. Vous pourrez vous y référer à tout moment même si vous avez du mal à la verbaliser.

À la différence des religions « révélées » que proposent les Écritures, les enseignements ou les affirmations venus d'une source « plus haute », voire « divine », le zen souligne la valeur de votre engagement personnel dans votre propre expérience. Il vous enseigne que les dernières paroles du Bouddha furent un appel à « travailler avec application à son propre salut ». Voilà qui peut, certes, sembler bien décourageant. « Bonne chance ! » nous dit, en somme, le Bouddha avant de nous pousser hors de la barque qui prend l'eau, nous laissant le choix de couler ou de nager par nos propres moyens. Mais dans le calme, vous verrez que les choses ne sont pas si désespérées. Vous découvrirez alors que le Bouddha a confiance en vous et en vos capacités. Il ne s'agit pas d'embellir les choses, de vous traiter en enfant, de vous promettre la lune. « Je l'ai fait, dit simplement le Bouddha, vous pouvez donc le faire. »

Nous avons une vie à expérimenter : la nôtre. Et devant nous un univers illimité d'autres êtres auxquels nous pouvons offrir notre aide et qui nous aideront en retour. Tout ce que nous avons à faire, c'est de sauter dans les eaux de notre vie pour nous mêler au flot.

5

Une question de temps

U n jour de la semaine dernière, je me suis assis pour réfléchir au moyen de faire tenir cinq heures de travail en trois. Tous, nous nous escrimons à essayer de faire entrer trop de choses dans un laps de temps réduit. Dès notre naissance, nous sommes à la merci de deux maîtres intransigeants : la pendule et le calendrier – tous deux des concepts parfaitement arbitraires et artificiels. Rien de plus réel, pourtant, que le temps qui nous est imparti, du jour de notre naissance à celui de notre mort. Mais il n'est en aucune manière lié à la position des aiguilles de la pendule. En tant que créatures sociales, nous avons trouvé plus simple d'ordonner nos vies en secondes, minutes, jours, mois, hivers, années bissextiles et vacances. Nous nous rencontrons pour déjeuner à 13 heures. Nous allons chercher les enfants à 16 heures. Et partons à la mer en août. Et nous allons sortir les poubelles dans quelques minutes.

Nombre d'entre nous ont abusé du temps pendant toute leur vie en essayant de le transformer en ce qu'il n'est pas. Nous lui avons collé des ailes et affirmé que nous le contrôlions, même s'il nous échappe sans cesse. Nous voulons absolument conduire notre vie comme si nous étions au volant d'une automobile. Nous étudions la gestion du temps, travaillons à plein-temps ou à temps partiel et, après le travail, nous essayons encore de trouver du temps pour des moments de plaisir. Notre rapport au temps pourrait se définir psychologiquement comme une fixation, si ce n'est que tout le monde semble en être atteint. En tant que membres de la société, nous sommes déterminés non seulement à vivre pour toujours mais également à rester *jeunes* pour toujours, redoutant le jour où nous aurons à affronter la déchéance.

Toutes les créatures sur Terre et toutes les plantes fonctionnent au présent. Les êtres humains sont les seuls à s'inquiéter de l'heure, à chercher tous les moyens de contrôler le temps, à vivre les yeux rivés sur la montre, l'agenda ou le calendrier. D'autres formes de vie ne semblent pas rencontrer de difficultés à vivre sans chercher à savoir s'il est l'heure de manger, de courir, de construire un nid ou de remonter à la surface pour respirer. Les animaux ont toujours possédé cette connaissance. Ils ne semblent jamais perdus.

Essayez donc, juste pour une heure, de vous libérer des entraves invisibles du temps. Adonnez-vous à une tâche et consacrez-y le temps qu'il faut. Ne vous inquiétez pas de la durée. Laissez les choses se faire à leur rythme.

Vous pouvez toujours, bien sûr, vous fixer des limites et décider d'écrire une lettre, de faire une promenade et de secouer la salade avant les infos de 18 heures. Mais alors vous ne vivez pas réellement votre vie, vous restez expéditif(ive) et pressé(e). Il serait préférable d'oublier les nouvelles du monde et la laitue tant que vous n'avez pas achevé la lettre à votre ami(e).

Lorsque vous regardez une photographie de vous enfant, vous savez que ce petit être est devenu ce que vous êtes. Mais lorsque la photo a été prise, l'enfant était *déjà* devenu quelqu'un d'autre. Car l'appareil de photo n'arrête pas le temps. Il ne peut offrir que des souvenirs, des points de repère le long du chemin.

Un *koan* zen nous demande de décrire notre visage d'origine, celui que nous avions avant de naître. Je ne suis jamais parvenu aussi près de répondre à cette question que l'année de la mort de ma mère. Atteinte d'un cancer, elle était restée clouée au lit et, au cours des trois ou quatre derniers jours de sa vie, son apparence changea énormément. Elle perdit du poids et sa peau se tendit, faisant disparaître ses rides. Elle se transformait en une personne détendue et rajeunie qui ressemblait aux vieilles photos de ses vingt ans. On aurait dit une jeune femme qui se serait teint les cheveux en souvenir des temps heureux. Lorsque je la vis ainsi, j'eus le sentiment de recevoir un magnifique cadeau. On me donnait l'occasion de contempler ma mère telle qu'elle était avant ma naissance. Le temps paraissait suspendu. Il me devint extraordinairement présent puisqu'il cessait d'exister. La femme devant moi *était* le temps. J'étais le temps. La chambre était le temps.

George Bernard Shaw (qui mourut à quatre-vingt-quatorze ans) donna un jour le conseil suivant : « N'essayez pas de vivre éternellement, vous n'y parviendrez pas. » Gérer le temps, en effet, n'est pas le plus important. Ce qui compte, c'est ce que l'on fait et *comment* on le fait. Chaque événement arrive à son heure. La chatte met ses petits à l'abri. Au Kansas, un homme lave sa voiture. Et, aux frontières de l'Arctique, un morceau de glace tombe dans la mer. Chaque action est le résultat de ce qui s'est passé auparavant. Les événements de notre vie surviennent de la même façon. Ils se présentent au moment juste, lorsqu'ils sont arrivés à maturité. Voilà pourquoi les graines que vous semez aujourd'hui détermineront votre vie à venir. Comme le disait ma grand-mère : « La graine pousse toujours – même si elle ne voit jamais la fleur achevée. »

Celui qui écoute

P rès de la porte ouverte de la salle à manger du Centre
  zen, quelqu'un a formé un petit tas de poussière, de
sable, de miettes, éclairé par un rayon de soleil. Seuls des
coups de balai de directions différentes ont permis de réaliser cette convergence. La lumière du soleil semble se
répandre et s'écouler sur le sol comme une eau. Et, dans
mon imagination, je vois Sahasrabhujalokitesvara, une autre
manifestation de Kannon aux mille bras, avec dans chaque
main un balai qu'il fait lentement tournoyer comme une
roue à eau.

Kannon, ou Kanzeon, est le nom japonais d'Avalokites-
vara, une divinité personnifiant la Compassion, celle qui

écoute et voit toutes les souffrances du monde. Dans la tradition japonaise, Kannon est asexué(e). Toutefois, la plupart des bouddhistes américains d'aujourd'hui l'imaginent femelle. Elle peut posséder deux, quatre, six ou même mille bras, et il arrive qu'elle ait un œil au creux de chaque main. En d'autres occasions, ses doigts se ferment sur des outils, des ustensiles de cuisine, des instruments de musique ou des pierres précieuses, car nombre de maîtres bouddhistes croient que chacun d'entre nous est l'un de ces accessoires. Nous sommes ceux qui vivons dans le monde, qui entendons ses souffrances et pouvons les adoucir. Kannon, à sa manière tranquille, est l'une des grandes figures du bouddhisme ; elle rappelle à tous ceux qui la voient qu'il est important d'écouter, d'observer avec attention et de se servir de ce que nous avons en main pour accroître cette compréhension du monde.

Vous considérez-vous comme héroïque ? Voyez-vous la moindre gloire à changer une roue ou à empaqueter de vieux journaux ? Thich Nhat Hanh a écrit un jour dans l'un de ses journaux : « *Laver la vaisselle et faire la cuisine sont en eux-mêmes des chemins vers la bouddhéité. Seule une personne qui a compris l'art de la cuisine, de la vaisselle, du balayage et de la coupe du bois, qui est capable de rire devant l'argent, la renommée et le pouvoir peut espérer*

descendre de la montagne en héros. Un tel héros traver-
sera les vagues du succès et de l'échec sans se mouiller ni
se noyer. En fait, peu de gens le reconnaîtront comme un
héros. »

Beaucoup de gens ont l'impression qu'ils n'auront jamais
l'occasion de descendre de la montagne, encore moins de
devenir des héros. À leurs yeux, la vie entière consiste à
escalader péniblement la pente pour se hisser vers un som-
met. Ils se voient enterrés sous le poids d'une interminable
routine (ce mot, qui signifie aussi « route commerciale »,
ou encore « pèlerinage », n'a pris que récemment le sens
d'« ordinaire »).

En réalité, rien n'est ordinaire dans notre vie. Il n'existe
pas de respiration ou de battements de cœur ordinaires,
pas de force de gravité ordinaire, pas de naissance ou de
mort ordinaires. *Naturelles,* certes, mais jamais ordinaires.
En un sens, le seul fait de vivre demande une forme de
courage, surtout lorsque l'on demeure conscient de partager ce sort avec tous les autres. Écouter ses amis n'est pas
toujours aussi simple que ça. Donner un coup de main à
quelqu'un peut bouleverser le programme de la journée.
C'est pourquoi Kannon se trouve dans les jardins, au croise-
ment des routes et dans les cuisines, merveilleux points de
vue pour obtenir une plus large perspective. Elle est auprès

de nous lorsque nous écoutons la souffrance du monde mais elle incarne aussi la musique et les bruits « routiniers » de la vie quotidienne. Tandis que nous lavons les légumes, elle entend le bruissement de nos actions et vient nous porter assistance. Le travail se fait plus aisé et la voilà partie vers d'autres. Comment définir qui sont réellement les héros ? Peut-être qu'un jour chacun d'entre nous descendra de la montagne et mesurera enfin toute la valeur du balayage ou de la vaisselle – autant de tâches qui contiennent la promesse ouverte de chaque jour...

Épilogue : Bouddha dans la bibliothèque

J e me trouvais un jour dans une librairie près de chez moi, lorsque je vis un homme s'approcher nerveusement du vendeur pour lui demander ce que redoutent tous les libraires : un livre dont il ne connaissait ni l'auteur, ni le titre, ni l'éditeur. « Je l'ai vu à la télévision », expliqua-t-il. Le visage du vendeur s'illumina aussitôt et, priant le client de le suivre, il le conduisit au fond du magasin et prit le premier livre de la plus haute étagère. « S'agit-il de cet ouvrage-ci ? » Mais l'homme répondit que non. Le vendeur sortit celui d'à côté. « Est-ce celui-là ? » Pas de réponse. Après trois tentatives, le libraire comprit. S'il voulait satisfaire son client, il lui faudrait, livre après livre, passer en revue la totalité de son stock. Il arrive, de même, que nous sachions ce que nous cherchons sans avoir les moyens de le trouver.

Lorsque, à la fin des années 1950, je commençai à m'intéresser au bouddhisme – et au zen en particulier –, mon premier mouvement fut de me rendre dans une librairie puis dans une bibliothèque pour y consulter des ouvrages spécialisés. Mais je fus vite édifié et navré de constater qu'il n'existait presque rien sur le sujet. Aujourd'hui, les étagères croulent sous les livres zen. Impossible d'y échapper : le zen et l'Internet, le zen et la marche, le zen et la gastronomie, le zen et le golf, le zen et la météo, etc. Ou encore le zen et votre chat, votre canari ou votre ordinateur... Et de nombreux *J'ai conquis le zen*, récits plus ou moins autobiographiques dans lesquels l'auteur nous explique comment il a découvert toutes les réponses aux mystères de l'existence, combien il nage désormais dans le bonheur et comment il a sondé les abîmes de sa toute récente âme zen. Enfin, il existe aussi des textes sérieux et érudits. Bref, autant recenser les étoiles de la voûte céleste car, devant un choix aussi varié, il est difficile pour le néophyte comme pour le disciple le plus aguerri de s'y retrouver.

Il existe également une autre complication. Je me souviens comme si c'était hier d'une phrase extraite du premier livre zen que j'aie jamais lu : « Le zen ne repose pas sur l'étude des mots et des lettres. » Un tel postulat me parut assez évident car le zen n'est pas une question de lecture. Mais alors, en quoi les livres présentent-ils quelque intérêt ?

La question tourne en réalité autour du concept de *dharma*, un terme indiquant ce que l'enseignement bouddhiste connaît sous le nom de « vérité ». À l'origine, cet enseignement se résumait aux mots réellement prononcés par le Bouddha. Ils prenaient généralement la forme de soutras, longues transcriptions de sermons et autres textes que le Sage avait offerts à ses disciples. Naturellement, au cours des millénaires qui ont suivi, ces paroles se trouvèrent altérées, augmentées, réinterprétées, parfois perdues et redécouvertes, révérées par certains, suspectes aux yeux des autres.

Comme c'est le cas pour beaucoup d'autres termes, la définition de *dharma* a été élargie et comprend désormais un grand nombre d'enseignements. En fait, le soutra du Lotus, si célèbre, nous affirme que « toutes choses, en tous temps, offrent l'enseignement du Bouddha ct prêchent le *dharma* ». Les disciples du zen savent depuis longtemps qu'on ne peut rien laisser de côté. Une entrevue avec un professeur, un poème ou une brève conversation peuvent avoir leur importance. Et tant que la lecture ne demeure pas la seule méthode d'étude, elle peut être d'un grand secours. Il n'existe pas de substitut au *zazen* – la méditation – ni au partage de cette activité avec d'autres, mais la lecture permet de répondre à certaines questions, de lever des mystères et d'offrir une sorte de camaraderie à ceux qui étudient seuls. Cette méthode s'est révélée indispensable à nombre d'entre nous dans les tout premiers temps.

Les amateurs de littérature zen aiment lire lentement afin d'absorber les mots au fur et à mesure de leur apparition dans le livre. Ne vous laissez pas distraire par l'idée qu'un autre ouvrage pourrait être plus intéressant. J'ai lu et relu la plupart des textes de base, et j'y trouve toujours quelque chose de nouveau. Rappelez-vous que le zen doit venir à vous à travers votre propre expérience et non celle des autres. Une lecture attentive peut vous donner un coup de pouce et vous mettre sur la bonne voie.

Je pourrais vous indiquer quelques titres, mais c'est à vous de fureter dans les librairies et les bibliothèques. Réfléchissez à ce qui vous intéresse en premier chef et essayez de comprendre ce qui définit votre décision. Il est aussi important de connaître vos désirs et vos motivations que de choisir le bon livre ou de suivre tel ou tel enseignement.

Gardez également à l'esprit qu'on trouve beaucoup de *dharma* dans des livres écrits par des gens qui n'ont jamais entendu parler du zen. Les livres de cuisine et de jardinage, les ouvrages de savants, de psychologues, les livres d'enfants et les manuels de bricolage enseignent tous le *dharma* à leur manière. Ils nous révèlent des choses que nous ne connaîtrions pas sans eux et nous aident à prendre soin de ce qui nous entoure. Ils nous apprennent à retirer une serrure sans nous écorcher les doigts, à affronter les rongeurs, à trouver un numéro de téléphone et à préparer un repas qui ne rebutera pas nos invités. Autant d'enseignements destinés à nous éveiller et à nous éviter quelques ennuis. Peut-on concevoir quelque chose de plus zen ?

Remerciements

C omme le disait le poète zen Ryokan : « Dans un bol, il y a assez de riz pour nourrir mille familles. » Ce livre n'aurait jamais vu le jour sans l'intérêt et le soutien que m'ont manifestés ma famille, mes amis, mes camarades d'étude et mes maîtres. Toute ma reconnaissance à mon premier guide, Wako Kazumitsu, qui m'a conduit sur le bon chemin, ainsi qu'aux maîtres et amis dont les noms suivent et qui, sans ménager leurs efforts ou grâce à des paroles bien choisies, ont su me guider tout au long de ma route : Gary Snyder ; les héritiers de Shunryo Suzuki Roshi et de Dainin Katagari Roshi ; Tenshin Reb Anderson, Zoketsu Norman Fisher, Meiya Wender, Taigen Dan Leighton ; et les nombreux maîtres et élèves du Zen Green Gulch Farm, du Tassajara Zen Mountain Center et du San Francisco Zen Center.

J'aimerais également exprimer mon estime et offrir mes remerciements à mon maître actuel, Jusan Edward Espe Brown, qui sait faire mijoter et bouillir le *dharma* aussi bien que ses excellentes soupes, ainsi qu'à la bande de joyeux chahuteurs qui participent au *sangha* du jeudi soir chez

Edward : George Lane, Betsy Bryant, Ginny Stanford, Hermann Clasen, Anne K. Brown, Harriette Greene, Peter Elias et Patricia Sullivan, pour n'en citer que quelques-uns.

Merci également à Victoria Shœmaker, mon agent littéraire et amie de longue date, à Jackie Johnson, éditrice chez Walker & Company, ainsi qu'à Vicki Haire, sa correctrice. Leur talent, leur patience et leur dévouement sont exemplaires et ce livre n'aurait jamais existé sans leur aide. Si des erreurs subsistent, j'en assume, bien sûr, totalement la responsabilité.

Je voudrais enfin remercier Lura, mon épouse, pour son amour, sa patience, son soutien et sa présence tout au long des trois années consacrées à la rédaction de ce livre. La richesse qu'elle apporte dans ma vie est sans limites.

Table des matières

Composition réalisée par Nord Compo

IMPRIMÉ EN ESPAGNE PAR MATEU CROMO

Pour le compte des Éditions Marabout
D.L. n° 86249 – Juin 2007
ISBN : 978-2-501-05525-3
40.8195.6/01